自分で選んでいるつもり

The ILLUSION of CHOICE

16 1/2 PSYCHOLOGICAL BIASES THAT INFLUENCE WHAT WE BUY

行動科学に学ぶ驚異の心理バイアス

リチャード・ショットン
Richard Shotton

上原裕美子〔訳〕

東洋経済新報社

目次

第6章 具体性

はじめに――行動科学は最強の武器である

マーガリンはなぜ黄色なのか、不思議に思ったことはないだろうか。製造過程でそうなるものだと思っているかもしれないが、実は、最初に発明されたときのマーガリンの色は、少しくすんだ白。細かい人なら「灰色じゃないか」と言いそうなカラーだったのだ。

マーガリンが現在よく知られる見た目になったのはだいぶあとのことで、きっかけを作ったのはルイス・チェスキンというウクライナ出身の心理学者だ。１９４０年代、マーガリンメーカーのグッドラック社が伸び悩む売上をなんとかしようと、チェスキンの力を借りることにした。

買い物客がマーガリンを買わずにバターを選ぶ理由を知るため、チェスキンは実験を行った。ランチタイムのセミナーを開き、地元の主婦を招待する。主婦たちは講義を聞く前に、まずランチビュッフェを楽しむ。といっても特別なメニューではない。三角形に切った食パン、それからバターを小さくカットして溶けないように冷やして並べた。

講義が終わると、チェスキンは参加者となごやかに雑談をした。「講義はどうでしたか？」「長すぎませんでしたか？」「発表者の服装をどう思いますか？」。そして、こんな問いを投げかけた。

「ああ、それから最後にもう一つ。食べ物はどうでしたか？」

チェスキンは実験を6回繰り返し、そのつどバターとマーガリンを入れ替えて出した。最後の問いに対する参加者たちの答えは世間一般の見解と同じで、マーガリンはバターよりまずいものとして語っていた。

だが、この実験には仕掛けがあった。

チェスキンが出したマーガリンは、あらかじめ黄色に着色して「バター」とラベルを貼ってあった。バターのときは白く着色して「マーガリン」とラベルを貼った。マーガリンは油っぽくて好きじゃなかった、と言った参加者は、実際にはバターについてコメントしていたというわけだ。

実験の狙いは、マーガリンの味に対する感想が本人の期待によって決定されていると証明することにあった。体験を形成するあらゆる要素――色、香り、そして包装など――が期待に影響を与え、味まで違って感じられる。チェスキンはこの現象を「感覚転移」と呼んだ。

チェスキンは自身の理論をもとに、グッドラック社のマーケティングチームにいくつか提案をした。もっとも重大な提案は、マーガリンの色を白から黄色に変更すること。黄色ならバターを連想させ、印象がよくなる可能性が高いからだ。

この作戦を活用したのはグッドラック社だけではなかった。他社もいっせいに黄色で着色するようになり、マーガリン分野全体の売上が飛躍的に伸びた。１９５０年代にはマーガリンのほうがバターよりも人気となり、それ以降50年以上もバターに差をつけ続けた。

グッドラック社のアプローチは当時ごく一般的なものだった。売上アップの方法を知るために、多くの企業が心理学者を起用していたからだ。チェスキン自身もグッドラック社だけでなく、製菓材料のベティ・クロッカー、煙草ブランドのマールボロ、ナイフメーカーのガーバー、そしてマクドナルドなど、多彩なブランドの依頼を請け負っていた。

サブリミナル広告？

ところが、ブランドによる心理学礼賛の風潮は長続きしなかった。１９５７年にヴァンス・パッカードというジャーナリストが『かくれた説得者』という本を出版している。この本が100万部以上も売れ、一大センセーションを巻き起こした。

パッカードは同著で、コンサルタントとして働くジェームズ・ヴィカリーという人物が明かした「サブリミナル広告」なるものについて、さまざまな例を挙げて紹介した。「サブリミナル広告」とは、広告に隠れたメッセージを忍ばせる手法として、ヴィカリーが作った造語だという。メッセージが表示されるのは3000分の1秒。ほんの一瞬なので、見たことにも気づかない。ヴィカリーの説明によると、そんな広告を映画館で流したところ、メッセージで示唆されていたポップコーンとコーラの売上が70%近くも跳ね上がった。

冷戦中で不穏な空気が流れていたアメリカ社会において、隠しメッセージで人の心を操るという話は、まるでオーウェルの近未来小説『1984』で描かれたマインドコントロールのように聞こえた。マスコミが猛烈に糾弾し、政府はサブリミナル広告を禁止した。このあおりをくらって、心理学を使ったテクニック全般が白い目で見られるようになり、分析や考察も求められなくなった。

マインドコントロールはでまかせ――それなら、何が頼りになるのか

のちに、サブリミナル広告の話はヴィカリーのでっちあげだったことが明らかになる。彼はそんな実験を一度もしたことがなかった。だが、時すでに遅し。それから50年以上も心理テクニックは敬遠され続けた。

その後、風向きはふたたび変化する。行動科学や心理学をマーケティングに応用することのメリットは実に大きいので、長く放っておかれるわけがなかったのだ。着目すべき説得力ある理由は3つある。いずれもRで始まるキーワードだ。

第一のキーワードは、「レリヴァンス（Relevance)」、すなわち関連性だ。行動科学と心理学以上に、セールスやマーケティングに関連のある学問は考えられない。企業ならどんな業種であれ、消費者を競合ブランドから乗り換えさせたり、高価格帯の商品を選ばせたり、シリーズ商品をいっそう手広く買わせたりしなければならないが、これらはいずれも消費者の行動を変えさせることを意味する。ビジネスとは、行動変化を促す活動なのだ。

だとすれば、行動変化を効果的に促すにはどうしたらいいか、それを教える１３０年分の研究を活用しない手はない。そこで行動科学の出番となる。

行動科学がマーケティングと関連しているのはチェスキンの研究を見ても明らかだ。チェスキンは学術用語を抽象的に解説するのではなく、期待が味覚にも影響するという発見の具体的な応用方法を考えた。変えるべきはマーガリンの味ではない。色を変えれば売上が伸びるとアドバイスしている。

第二のキーワードは、「ロバストネス（Robustness）」。堅牢性、確実性だ。マーケティングの理論は根拠のあやふやなものも少なくない。本能や勘をよりどころとしてしまうのだ。莫大な金額を左右する判断をするにあたって、これは理想的な基盤とは言いがたい。

その点で行動科学は違う。高名な専門家の意見というだけで通すことはない。必ず実験を経て証明する。きちんとした科学者がピアレビュー（査読）を受けて発表した研究だ。つまり、発見を信頼すべき確固たる基盤があるというわけだ。

感覚転移のことを思い出してほしい。見た目が味に与える影響について、チェスキンは理屈だけで主張しなかった。比較実験をすることで、何が実際に味の評価に影響しているかを分析したのである。

ピアレビューというよいプレッシャー

マーガリンの実験は1940年代のものとしては実に見事なのだが、行動科学の堅牢性は、それ以降に大きく向上した。たとえばチェスキンの研究にはピアレビューがなかったが、現代ではほぼすべての論文がきちんとほかの科学者による検証を受ける。期待が味覚にもたらす影響についても、その後にピアレビューを受けた論文が何本か発表されている。2006年にテキサス大学オースティン校マコームズ・スクール・オブ・ビジネスの教授ラジ・ラグナサンが行った研究もその一つだ。食品がヘルシーであるという情報をあらかじめ教えられていた場合、その期待が味の評価をどう変えるか調べている。

ラグナサンの実験では、被験者にインド料理と飲み物をふるまった。半分のグループには、ラッシーは健康に効くドリンクだと教える。残りの半分のグループには、ラッシーは健康にいいとかそういう類のドリンクではない、と教える。食事のあとに味の採点を求めると、ラッシーは健康とは関係ないと思わされた被験者たちのほうが、そうでないグループと比べて55％も高く料理を称賛していた。

最後に第三のキーワードは、「レンジ（Range）」、幅広さである。行動科学のルーツは社会心理学にあり、社会心理学の歴史は1890年代までさかのぼる。心理学者は長い年月をかけて、人間の行動を促す隠れた要因を何千種類も特定してきた。これだけの幅広さがあるのだから、マーケティングの課題が何であれ、関係のありそうなバイアスを見つけて利用することはできそうだ。

レリヴァンス、ロバストネス、レンジ。この3つが、ビジネスに行動科学を取り入れるべき強固な理由だ。とはいえ、応用すべきだと知っただけで、すぐに実際の応用につながるわけではない。多彩だからこそ、出発点を見つけるのに迷うこともあるだろう。本書はそうした壁を取り払うことを目指している。多種多様なバイアスをやみくもに検討しなくてもいいように、もっとも役立ちそうなものだけを選び抜いた。このあと紹介する16と½個のアイディアは、応用もしやすく、マーケティングに絶大なインパクトをもたらす力をもっている。

解説をわかりやすくするために、ある人物の一日を見守るというスタイルで、日常生活で直面する選択のあれこれに注目していく。各章の冒頭でそうした場面を示し、次に、思考プロセスの背景を行動科学で明らかにする。先行研究や私自身のリサーチを紹介し、さらに一番重要な点として、読者がビジネスに応用する方法を考えていきたい。興味をもってもらえただろうか？　では、さっそく始めよう。

第1章 習慣形成

Habit Formation

耳障りなアラーム音で、あなたは目を覚ます。のろのろとベッドを出て、シャワーを浴びる。

ようやく目が覚めてきた。服を着て、キッチンに向かう。

コーヒー1杯とトースト1枚で簡単に朝食を済ませたら、出発だ。「行ってくるね！」と家族に声をかけ、家を出て、バス停に向かう。

あなたのいつもの朝を思い浮かべてみてほしい。

家を出るまでのあいだにも、あなたはいくつもの意思決定をしている。何を着るか、何を食べるか、どのルートで職場に向かうか。そのほかにもあれこれと選択をする。

朝だけではない。生活のあらゆる場面が、決定しなければならない選択でいっぱいだ。ささいなことから重大なものまでさまざまだが、そのすべてを意識して決めてはいない。選択一つひとつを真剣に吟味していたら、それだけで一日が終わってしまう。

プリンストン大学の心理学者スーザン・フィスクの言葉を借りれば、人間は「認知的倹約家」なのだ。思考すると認知のエネルギーを消耗する。だから、そのエネルギーをなるべく使わずに済まそうとする。

ノーベル賞を受賞した行動経済学者のダニエル・カーネマンは、この現象をさらに絶妙に表現した。「人間にとって『考える』というのは、ネコにとっての『泳ぐ』。できなくはないが、なるべくしたくない」。

可能な限り頭をはたらかさずに済むように、買い物などの決断において、人は習慣に頼る――つまり、同じ状況では同じことをただ繰り返すのだ。

習慣の重要性を定量化する

習慣の重大さは、南カリフォルニア大学の心理学者ウェンディ・ウッドによって定量化されている。ウッドは2002年の論文で、209人の被験者を起用した実験について説明した。被験者はふだんの一日の活動を記録する。1時間ごとにアラームが鳴るので、そのつど、たった今どこで何をしていたか、何を考えていたか書き留めておく。

同じ場所で同じ動作を、別のことを考えながら繰り返し行っているのだとすれば、それは習慣でやっている行動だ。この分類方法で集計したところ、日々していることの43%が習慣的な行動だった。

人の行動のうち、これほど多くが習慣なのだ。企業が消費者になんらかの行動をしてほしいなら、それを習慣にさせる方法について、ぜひとも最新の研究を知っておかなくてはならない。

ウッドは著書『やり抜く自分に変わる　超習慣力』で、習慣形成に関する独自のモデルを披露した。行動科学者B・J・フォッグの著書『習慣超大全』や、コンサルタントのニール・イヤールが書いた『Hooked　ハマるしかけ』という本でも、それぞれのモデルが解説されている。彼らの発見を総合すると、ビジネスに関連性のあるポイントは6つに整理できそうだ。一つずつ解説していきたい。

行動科学を応用するには

1 既存の習慣を崩すのはタイミングを狙って

いったん定着した習慣を崩すのは難しい。このことをもっともうまく言い表したのは、おそらく19世紀イギリスの著述家サミュエル・スマイルズだろう。1859年に出版されベストセラー*となった著書『自助論』で、スマイルズはこう書いた。

　古い習慣を捨てるのは、場合によっては歯を抜くよりもつらく、圧倒的に難しい。

この名言からもわかるとおり、ただ芸もなく消費者の既存の習慣を崩そうとしても成功しない。ベストなやり方は、習慣が弱まる瞬間を狙い撃ちすることだ。

幸い、習慣が弱まりやすい場面がいつなのか、心理学で明らかになっている。私の前著『買わせる心理技術』でも、そのいくつか——下一桁が9の年齢になったときや、人生の大きなイベントを迎えたとき、それから習慣が強く定着する前のタイミング――を紹介したが、もっとも重要なタイミングには言及しなかった。心機一転でフレッシュなスタートを切る場面のことだ。

人が新しい行動を一番受け入れやすいのは、新しい期間の始まりのとき――週のはじめ、月のはじめ、学期のはじめ、あるいは誕生日を迎えて新しい年齢になった日など――なのだという。ペンシルヴェニア大学ウォートン校の教授キャサリン・ミルクマンが、この説を最初に研究した。

ミルクマンの説明によると、人は一貫性を保ちたいという強い欲求をもっているのだが、新しい時期に踏み込むときには過去の自分との結びつきが弱まるので、一貫性を崩して別の行動をする可能性がわずかに高くなる。ミルクマンが２０１４年に戴恒晨《ダイホンチェン》およびジェイソン・リースとともに発表した研究では、次に挙げる３つの行動を調べた。

＊「ベストセラー」という言葉は曖昧で、定義は諸説あるが、スマイルズの『自助論』は確かにベストセラーだと言っていい。出版から50年で25万部も売れたのは、聖書に次ぐ史上2番目の売れ行きだった。

1　ダイエットをする（ダイエット関連の検索ワードの件数で調査）
2　ジムで運動をする（大学ジムの利用回数で調査）
3　目標を立て、それを実現すると誓う（目標を宣言するサイト「スティック・ドットコム」のデータで調査）

3種類のデータすべてにおいて、新しい時期の始まりのときに、新たな行動が実践されやすいことが確認された。たとえばジムに行く確率は、月初めには15％高く、週初めには33％高く、新学期の開始時は47％高くなっていた。

意味するところは明白だ。消費者になんらかの新しい行動をさせたいなら、新しい時期がスタートするタイミングを狙ってマーケティングのメッセージを送り込めばいい。

これを実際にやってみた例として、イングランドのウェストミッドランズ州警察の取り組みがある。刑期を務め終えた元犯罪者の協力を得て、常習的な犯罪者に対し、更生プログラムに参加して行動を改めるよう呼びかける手紙を書かせた。

手紙を送る時期を受け手の誕生日付近にしたこともあった。フレッシュスタートのタイミングだ。逆にランダムなタイミングで送ったこともあった。合計2077通という大規模な調査の結果を見たところ、フレッシュスタートのタイミングで送ったときはプログラム参加率が4・1%だった。ランダムな送付のときは2・6%だ。犯罪という改善させにくい行動に対しても、フレッシュスタートはある程度の効果を出しうるというわけだ。

フレッシュスタート効果の応用として、何でもない場面をフレッシュスタートとして位置づけるという手もある。ミルクマンと戴による2015年の研究では、被験者として学生165人を集めた。被験者には目標がある。必ず達成するという意気込みも抱いている。そこで、達成へ向けた後押しとして、メールでリマインダーを設定することを推奨した。

リマインダーの送信日を3月20日として、一部の被験者には、この日付を「いよいよ春が始まる頃」という表現で強調した。残りの被験者には、もっとつまらない言い方で「3月の第3木曜日」と説明した。

すると、フレッシュスタートという印象を植えつけられた学生のほうが、明らかにリマインダー設定をする確率が高かった。ふつうに日付を説明された学生では7%しか設定しなかったのに、なんと26%が設定している。フレッシュスタートにしたことで、効果が3倍以上になったのだ。

この実験からわかるとおり、行動を促すにあたっては新しい時期のはじめを狙うだけでなく、何でもない場面をフレッシュスタートと思わせることも検討するといいだろう。

2 モチベーションだけに頼らない。必要なのはキューを作ること

既存の習慣を崩せたなら、次は、新しい習慣を埋め込む番だ。

行動科学のもっとも堅牢な発見の一つとして、行動させるならモチベーションだけでは充分ではないことが知られている。やる気や願望が強まっても、実際の行動につながるとは限らない。むしろつながらないことのほうが一般的なので、心理学者がこの現象に「意図―行動ギャップ」という名称をつけたほどだ。

意味するところは言葉どおりで、しようという意図と、実際に行う行動とのあいだに、ズレ（ギャップ）があることを指している。

だからこそ、習慣を形成したいなら、モチベーションにキュー（きっかけ）を組み合わせる必要がある。時間、場所、気分など、何かしら行動の呼び水になるものをキューにするのだ。

キューの重要性はバース大学の心理学者サラ・ミルンが明らかにしている。ミルンは2002年に、248人の被験者を集めて、ランダムに3グループに分けた。第1のグ

ループには、自分の運動回数を記録するよう求めた。２週間後に面談して結果を尋ねると、20分の運動を週に1回以上していた被験者は35％だけだった。

第２のグループにも運動回数の記録を求め、さらに、運動のメリットを説明した動機づけのパンフレットを読ませた。２週間後に面談してみると、被験者はパンフレットを読んで運動への意欲が強まっていたにもかかわらず、実際の行動にはほとんど変化がなかった。週に1回以上運動したのはたったの38％。意図と行動にズレが生じている。

第３のグループには、第２グループと同じようにパンフレットを読ませ、その上で「いつ」「どこで」「誰と」運動するか想定させた。ミルンはこの手法を「実行意図」と呼んでいる。運動しなくちゃと思い出すための呼び水（トリガー）を意識させたのだ。

この第３グループのモチベーションレベルは第２グループとさほど変わらなかったが、実際の行動には差が表れた。週1回以上の運動をしたのは91％。漠然とした願望を行動につなげるきっかけを仕込んでおいたことが奏功した。

つまり、消費者に購買習慣をつけさせたいなら、モチベーションを高めるだけでは足りない。行動を引き出すキューを作っておく必要がある。

モチベーションを高めるだけでは足りない。行動を引き出すキューを作っておく。

▼マーケティングの実例

キューの威力を物語る実例として、アメリカの歯磨き粉ブランド、ペプソデントの話をしよう。ペプソデントの広告制作を担当していたのは、クロード・ホプキンスというコピーライターだ。歯磨きの習慣が定着していなかった20世紀初頭のアメリカで歯磨き粉を売り込むにあたり、ホプキンスはただ漠然と一日2回の歯磨きを提唱したりはしなかった。かわりに、広告では朝食を食べた後と夜寝る前に歯磨きをすることを推奨した。この広告が過去１００年間でもっとも成功した公衆衛生キャンペーンと言われるほどの結果を出せた理由は、具体的なキューを示していたからだ。

　現代でもキューには効果がある。最近の例としては、イギリスの住宅金融組合ネーションワイド・ビルディング・ソサエティーが２０１９年に実施したキャンペーンが挙げられる。目的は国民に貯金をさせること。イギリスでは貯蓄額が１００ポンドに満たない国民が１１００万人もいるという問題があり、対策として、ネーションワイドが広告会社ＶＣＣＰとともにキャンペーンを開発した。このときも、ただ漠然と貯蓄意識の改善を図るのではなく、キューを仕込んでいる。

　彼らが使ったキューは「給料日」だ。広告では「給料日《ペイデイ》＝貯金の日《セーブ・デイ》」というスローガンを掲げ、「入った日なら貯めるのも簡単」などと呼びかけた。これらのコマーシャルを、たいていの人が給料日を迎える月末に集中的に流した。

また、ネーションワイドの顧客だけでなく国民全員に習慣をつけさせるという目的に沿って、ネーションワイドにとって競合である銀行の支店前にもポスターを掲示し、「給料日を貯金の日に。ここで口座を開いちゃったあなたも」と呼びかけた。

このキャンペーンは見事に意識向上に成功した。キャンペーン実施後のアンケート調査では、「毎月少しずつお金を貯めることは大切である」という設問に対する「そう思う」の答えが8％ポイント上昇。そして実際の行動も変わった。同年のネーションワイドにおける純貯蓄額は予想より5倍も多かった。

3 既存の行動をキューにする

ネーションワイドの例は、もう一つ別の便利な作戦を教えている。キューを完全に新しく作るのではなく、現時点で存在しているキューを利用して、それを奨励したい行動と結びつけるほうがうまくいきやすいのだ。これは「ハビットスタッキング（習慣の積み上げ）」と呼ばれている。

2013年に、インペリアル・カレッジ・ロンドンのガビー・ジューダが、50人の被験者でハビットスタッキングの実験をしている。被験者の半分には歯磨きをする前にフロスを使うよう指示をして、残りの半分には歯磨きのあとにフロスを使うよう指示をした。重要なのは順番だ。すでに取り入れている行動をしたあとに、新しく始めたい行動をさせることで、既存の行動がキューになるのではないか。

この仮説は当たっていた。歯磨き前にフロスを使うグループは、平均23・7日間、指示を守っていた。歯磨き後にフロスを使うグループは25・2日で、6・3%も優れた結果が出ていた。

▼どんなタイプのキューを使うか

ただし、すべてのキューに等しく価値があるわけではない。明確なキューのほうが効果は高い。

先ほど紹介したキャサリン・ミルクマンが、このことを実験している。ミルクマンは2016年、ハーバード大学のトッド・ロジャースとの研究で、カフェから出てきた人500人に声をかけ、ちらしを渡した。ちらしには、次の木曜に使える1ドルのクーポンがついている。

一部のちらしには、「木曜に来店したら、レジに行くときに、クーポンのことを思い出してくださいね」という説明を添えた。このちらしを受け取った人々が対照群〔訳注　効果を調べたい内容を与えないことで、与えたグループと比較する集団のこと〕だ。

別の人々には、同じように「レジ」というキューを与えつつ、ちらしの表に緑色の宇宙人のぬいぐるみ写真をでかでかと掲載し、「この子がレジにいます。木曜日、この子を見てクーポンを思い出してください」と書いた。こちらのちらしを受け取った人々が実験群だ。

次の木曜、レジで誰の目にも入る位置に、緑の宇宙人が置かれた。ぬいぐるみを見るよう言われていた実験群にとって、これがクーポン利用のリマインダーというわけだ。

結果を調べると、ぬいぐるみを見るように言われていた被験者のうち、24％が実際にクーポンを使用していた。対照群の被験者では、たった17％だった。

人になんらかの行動を促すなら、キューをできるだけはっきりさせるとうまくいきやすい。

4 させたい行動はできるだけ簡単に

次に考えるべきは、キューに対する反応、つまり、引き出したい行動の中身だ。なんらかの行動を習慣にさせたいなら、それを可能な限り簡単にしておくことが吉と出る。具体的な方法の一つが「チャンキング」だ。ここで言うチャンキングとは、行動をなるべく小さな部品に分解することを指す。ミルクマンは、彼女の研究室で学ぶ博士課程の学生アニーシュ・ライとともに行った実験で、チャンキングが目標達成にもたらす影響を調べた。

ある慈善団体の協力を得て、新人ボランティアに、1年間に一定の時間の活動を行うよう求める。「最初の1年間に200時間活動してください」と頼む場合と、「週に4時間活動してください」と頼む場合に分けた。合計時間は同じだ。だが、週に4時間という小さな単位にチャンキングしたことで、ボランティアの活動レベルは8%高くなったことが確認された。

同じことは別の実験でも確認されている。カリフォルニア大学の行動経済学者シュロモ・ベナルチの研究では、1カ月に150ドル貯めるよう勧めるよりも、1日5ドル貯めるよう勧めたほうが、その目標は達成されやすいことがわかった。「しなければならないこと」がちっぽけに見えれば手ごわいとは感じにくいし、やってみようという気になるからだ。

チャンキングのほかにも、習慣の定着を促す方法がある。たとえばピル（経口避妊薬）の1カ月セットを見ると、「簡単にする」というテクニックを巧みな発想転換で応用していることがわかる。本当は28日周期のうち最初の21日だけ飲めば効果があるのだが、1カ月セットはたいていホルモン剤が21個と、砂糖を固めた錠剤が7個入っている。一定期間飲んで、数日間やめて、また再開するというパターンよりも、毎日ただただ飲み続ける習慣にしたほうが続けやすいことを、製薬会社は理解しているのである。

5 不確実な報酬は強い

次に考えたいのは、報酬や褒美の設定だ。行動を習慣化するためには、それで何かしら報酬が得られなくてはならない――心理的に報われる感覚でもいいし、身体的・物理的な褒美でもいいし、文字どおり金銭的な報酬でもいい。習慣形成のポイント6個のうち、おそらくこれがもっとも幅広く応用しやすいのだが、残念ながらマーケティングキャンペーンで充分に活用されているとは言いがたい。実は、ただ報酬を出すのではなく、もっと効果的に出す方法がある。報酬を不確実にするのだ。

不確実な報酬の威力を明らかにしたのは、『レビュー・オブ・ゼネラルサイコロジー』誌が「20世紀でもっとも影響力のある心理学者」と呼んだB・F・スキナーである。彼は1930年に「スキナー箱」というシンプルな実験装置を発明した。何の変哲もない木製の箱で、中にレバーがついている。レバーを押すとエサが出てくる仕組みだ。

スキナーはこの箱を使って、ハトからラットまで、さまざまな動物の行動を観察した。箱に入れられた実験動物たちは、最初のうちはレバーに関心を示さない。ところがしばらくして偶然レバーにぶつかり、エサが出てくるのを見て驚く。

ぶつかる、エサが出てくる、というパターンが何回か続くと、実験動物はレバーの役割を学習する。それからは箱に入れられたとたん一目散にレバーのもとへすっ飛んでいって、繰り返し押し始める。

スキナーはこの報酬システムを利用して、動物たちにさまざまな芸を憶えさせた。芸の内容はどんどん高度になった。どこまでさせられるか実証した驚異的なデモンストレーションでは、スキナーの教え子がウサギに1ドル硬貨を拾わせ、それを硬貨挿入口に入れさせている。硬貨を入れればエサが出てくるからだ。

スキナー自身は、もっとも強力なインセンティブを特定する研究にキャリアを捧げた。[*]その過程で、不確実な報酬のほうが確実な報酬よりも影響力が大きいことがわかった。決められた動作をすると毎回ご褒美のエサが出るのではなく、あるときは出るが別のときは出ない、という仕組みにしたほうが、動物たちはその動作をいっそう熱心に行うようになるのだ。

興味深い発見だが、これはラットやハトだけでなく人間にも当てはまることがわかっている。

人間でこの現象を証明したのは、シカゴ大学の心理学者沈璐希《シェンルーシー》による実験だ。被験者87人を集めてタスクに挑戦させ、あらかじめ2ドルの報酬を約束した（確実な条件）。ただし一部の被験者には、1ドルの報酬か2ドルの報酬、どちらかが50％の確率で出ると説明した（不確実な条件）。

＊スキナー箱は有名になったが、彼の研究のすべてが成功したわけではない。第二次世界大戦中に、ハトを訓練してミサイル発射の指示をさせるという奇想天外な研究、通称「プロジェクト・ピジョン」が進められていたが、これもスキナーの研究だ。幸い、ミサイルを電気的に制御するほうが信頼性が高いとわかったので、ハトに爆撃指示を出される心配はなくなった。

すると、報酬が確実だったグループでタスクを達成したのは43％だったのに対し、不確実だったグループでは被験者の70％が達成できていた。

▼ロイヤルティプログラム成功のカギは、不確実な報酬

不確実な条件のほうが期待効用〔訳注　得られると予想される満足度〕は低かったにもかかわらず、こちらのほうがモチベーションをかきたてる力は強かった。「どっちが出るだろう」と思うワクワク感が、金額とは別の価値をもたらしていたというわけだ。

消費者になんらかの行動を促したいときも、不確実性を活用するといい。会員特典プログラムがあるなら、全員に毎回必ず同じ特典を出すのではなく、ランダム性を混ぜるのだ。

イギリスのコーヒーチェーン、プレタ・マンジェ（通称「プレット」）は、このアプローチで売上アップに成功した。コーヒーを1杯買うごとにスタンプを貯めて無料の1杯と引き換えるプログラムはよくあるが、プレットでは、店員がランダムにコーヒーをサービスする。

この作戦のほうが、購入回数に応じたアプローチよりも、客は大きな喜びを感じる。ジャーナリストのハリー・ウォロップが、『タイムズ』紙のコラムで、プレットで無料サービスを受けたときの気持ちをこんなふうに書いていた。

これはおそらくイギリス最強のロイヤルティプログラムだろう。客としては、まるで宝くじに当たったような気持ちだ。私もヒーローのような気分でオフィスに戻り、同僚たちからはすばらしい幸運の持ち主だと絶賛を浴びた。いやぁ、本当にプレットは最高だ。

ロンドンで展開しているレストランチェーン、ディシュームの例はもっとすごい。インドのムンバイでは、かつてゾロアスター教徒が経営するイラン風カフェ（イラニカフェと呼ばれる）が流行っていた時期があるのだが、それをロンドンで再現したのがディシュームだ。客は食事が終わってからブロンズ製のサイコロを投げる。マトカと呼ばれるサイコロで6が出たら、その日の食事は無料だ。数学的には16・7％の割引ということになるが、気持ちの上では、それよりもずっと大きな得をした気持ちになる。

6 大事な作戦を忘れずに——反復、反復、また反復

習慣形成のポイント6個のうち、最後の一つがこれだ。とにかく繰り返すこと。習慣は一夜にして身につくものではない。定着させるためには繰り返さなくてはならない。よく言われる話では、習慣が根付くには21日間かかるらしい。ただし実のところ、この説はきちんとした裏付けがない。

より堅牢なデータが知りたいなら、ユニバーシティ・カレッジ・ロンドンのフィリッパ・ラリーが２００９年に行った実験が参考になる。82人の被験者に、ある行動を新しく習慣として行うよう求めた。昼食のときに水を1杯飲む、歯磨きのあとに腕立て伏せをするなど、内容は単純なものだ。

指定された行動を意識せずに行うようになったら、習慣化したと判断する。結果を見ると、被験者は平均66日後から意識せずにその行動をするようになっていた。だが、66という数字だけを見ているとわからないのだが、実は被験者の95%は習慣形成に大幅なばらつきがあった。18日で定着した被験者もいれば、２５４日かかってようやく定着した被験者

もいたのである。

いずれにせよ短期決戦はあてにならない。新しい行動を根付かせるには、持続的な介入が必要なのだ。

そういうわけで、ここまでのポイントをまとめてみよう。習慣を形成したいなら、行動科学で特定された6個の主な法則を思い出してほしい。

・既存の習慣を崩すはたらきかけは、新しい期間のはじまりのときに
・モチベーションで行動させようとしない。モチベーションは重要だが、それだけでは充分でない。キューやトリガーが必要
・完全に新規のキューを作るよりも、既存の習慣に乗っけるほうがうまくいきやすい
・推奨する行動を、できるだけ簡単に
・不確実な報酬を利用すべし
・習慣形成には、ある程度の反復が必要

どれも重要だが、特に「簡単に」というポイントは、習慣形成にとどまらないさまざまな応用が可能だ。行動を簡単にすることの利点について、次の章で説明したい。

第2章

簡単にする

Make It Easy

ラッキーなことに、来たバスがそれほど混んでなかったので、あなたは座席を確保した。いや、座席の半分と言ったほうが正確だろうか。隣の乗客がかなりはみ出してるみたいだ。

気にしないでいるために、あなたは別の用事に考えをめぐらせる。そういえば夏の旅行先をまだ予約してなかったな。いいところはもう埋まってしまったかもしれない。スマホを取り出して比較サイトでリゾートホテルの検索を始める。

旅行の予定をあれこれ想像するのは楽しい。だが、調べれば調べるほど、選択肢が膨大に出てくる。無限に思える選択肢の中から、いったいどうやって一つを選べばいいのか。

ああ、面倒だ。どうして簡単に決められるようにしてくれないんだろう。

無駄な労力がかかることに腹が立ち、あなたは検索をやめる。隣の乗客への苛立ちを静かにかみしめる。

『まっとうな経済学』の著者、ティム・ハーフォードは、行動を変えることをシンプルな比喩で表現している――アクセルを踏むかブレーキを離すか、どちらかだ。進む力を強めるか、もしくは進まないよう抑えつけている力を排除すれば、行動は変わる。

マーケティングではアクセルを踏ませようとすることが多い。本人がやる気になるようあの手この手で攻める。だが、本当にそれが何より優先すべきことなのだろうか。

ドイツの心理学者クルト・レヴィン――ダニエル・カーネマンは、レヴィンは自分にとって「学問上の父」だと言っている――の意見によれば、必ずしもアクセルが大事とは限らないようだ。

1930年代前半にベルリン大学で教壇に立っていたレヴィンは、「力の場の分析」として知られる理論を構築した。この理論では、人間の行動を二つの力、すなわち推進力と抑制力のバランスで説明している。

レヴィンの説によれば、人は抑制力を排除すべきときに、間違えて推進力を出そうとしてしまう。ハーフォードの車の比喩に戻るならば、マーケティングではアクセルを踏み込ませることを狙うよりも、むしろブレーキをゆるめさせることを考えるべきなのだ。この優先順位にはちゃんと実用的な意味がある。

人は抑制力を排除すべきときに、間違えて推進力を出そうとしがち。アクセルを踏まそうとするよりも、ブレーキから足を離させることはできないか。

カーネマンは、出演したポッドキャストで、こう説明している。

抑制力を弱めるというのは、まったく性質の異なる活動なのです。「この人に、この行動を、どうすればさせられるか」と考えるのではなく、「この人はなぜ今、この活動をしていないのか」という疑問を出発点にします。完全に別の切り口から、していない理由を順番に解きほぐし、「では、この人がこの行動をしやすくするために、どうすればいいか」と考えます。何かをやりやすくする方法は、全般としてほぼ例外なく、当人の環境を調整することなんですよ。

摩擦を取り除く

レヴィンが理論を提唱したのは20世紀はじめだが、現代の実験でも、行動を阻んでいる抑制力を排除することの重要性は証明されている。

たとえばコロンビア大学のピーター・バーグマンとハーバード大学のトッド・ロジャースは2017年の研究で、子どもの勉強についてコツを教える保護者向けサービスの申込みに関して、摩擦〔訳注　ここで言う「摩擦」とは、ユーザーの足を引っ張る要因のこと。面倒や手間など〕の影響を実験している。

実験では申込み方法を3種類用意した。いずれもテキストメッセージでサービスの利点を説明し勧誘するのだが、その後の登録の仕組みが違っている。

1　標準――ウェブサイトにアクセスし、短いフォームを埋める。

2　簡易――「開始」と返信すれば登録完了。

3　自動――テキストメッセージを受信した時点で登録済み。解約したい場合に「停止」と返信する。

結果を見ると、かかる手間のレベルによって申込み率に違いがあった。少し手間のかかる標準グループでは1%、手間の少ない簡易グループでは8%。自動登録で手間のかからないグループでは97%だ。

レヴィンが指摘したとおり、ほんのちょっとの摩擦があるだけで、たとえそれが我が子の教育という大事な事柄であったとしても、如実に気が向かなくなってしまうことがわかる。

バーグマンとロジャースの実験はそこで終わりではない。次は教師130人にこの実験について説明し、3パターンそれぞれの申込み率を予想させた。

教師たちは、摩擦が申込み率を下げることは予測できていたが、これほど差がつくとは考えていなかった。標準グループが39%、簡易グループが48%、自動グループが66%、というのが彼らの予想だ。実際には96%ポイントの開きがあったのに、教師たちはせいぜい27%ポイント程度の差がつくだけだと考えていた。

このように過小評価されやすい摩擦は、日常生活ではどんな形で影響をおよぼしているだろうか。

行動科学を応用するには

1 摩擦の発見と低減に時間をかける

摩擦を軽視するのは教師だけではない。一般人でも過小評価するが、マーケターという職業につく人たちも同じだ。摩擦の重大さがわからなければ、消費者が商品を認知してから購入するまでのプロセス、すなわち「カスタマージャーニー」を簡素化する努力に時間やお金をかけたりしないだろう。その部分こそ、マーケターは真剣に検討し対処する必要があるというのに。

消費者に何かの行動をしてほしいなら、ささいな摩擦もできるだけ取り除かなくてはならない。たとえばフォームに入力させるときは、候補となりそうな文章をあらかじめ表示しておく。購入にあたってはできるだけ消費者に労力をかけさせない。商品をそのつど買う手間が生じないよう定期購入を促す。

こうした工夫は効果が期待できる。ネットフリックスで映画を一本見終わったあと、次の一本が自動再生されることを考えれば納得がいくだろう。アマゾンがワンクリック注文の機能を導入したのも同じ狙いだ。

手間なく利用できるようにすれば、驚くほど大きな反応が得られる。「大丈夫。うちの商品やサービスは、最大限にプロセスを簡素化している」と思っているなら、もう一度じっくり考えてみてほしい。かなりシンプルに購入に至るようにしてあったとしても、何かしら摩擦が隠れていることがある。

たとえば、しゃれたレストランでシャンパンのボトルを頼むとしよう。単純な作業だ。手を挙げて店員を呼ぶだけで、注文は通る。

簡単に思えるが、よくよく観察してみると、実は面倒な思いをしていることに気づく。たとえば友人と一緒に来ているのなら、注文するあいだ会話を中断しなければならない。店員がずっと別の方向を見ていたら、ばかみたいに手を振り続けなければならない。

面倒と呼ぶにはささいすぎることだが、カーネマンの指摘によれば、それだけでレストランの売上は下がるのだ。

このことを証明してみせたのが、ロンドンのソーホー地区にある絢爛豪華なレストラン、ボブ・ボブ・リカードである。経営者のレオニード・シュトフは、以前は広告会社大手のオグルヴィで働いていた。シュトフはこの店でのシャンパン注文方法から摩擦を取り除い

撮影：著者

ている。各テーブルに「シャンパンをオーダーする」というボタンを設置したのだ。小さな面倒をなくしたことで、水面下にあった需要が解放され、今ではイギリスで一番シャンパンの売れるレストランになった。

徹底的にプロセスを簡素化したと思っていても、このシャンパンボタンのことを思い出してほしい。同様の独創的な方法で、残っている摩擦を取り除けるかもしれない。

2 最初のステップは何が何でも簡単に

摩擦の発見のほかにも、マーケティングに利用できる面白い行動科学のテクニックがある。その一つがフット・イン・ザ・ドアと呼ばれるテクニックだ〔訳注　ドアに足を挟み込んで閉めさせないという描写から。「段階的要請法」とも〕。

1966年、スタンフォード大学の心理学者ジョナサン・フリードマンとスコット・フレイザーが、こんな実験をした。カリフォルニア州パロアルトの住宅を訪問して、住民に交通安全について説明をする。それから頼みごとをする――おたくの玄関前の庭に、「安全運転を！」という看板を立てさせてくれませんか？　看板は巨大で、しかもフリードマンらの説明によれば「かなり雑に書かれている」。当然ながら、そんな頼みをもちかけられた住民のうち、承諾したのは17％だけだった。

次のグループには別のアプローチを試みた。交通安全の話をするのは同じだが、その後の頼みごとはもっとささやかだ。交通安全の小さなステッカーを窓に貼ってくれませんか。すると、ほぼ全員がこの頼みを承諾した。

2週間後、2番目のグループの家をふたたび訪問し、例の大きな看板を立てさせてほしいともちかける。すると、窓にステッカーを貼った住民の76％が、この頼みを承諾した。

フリードマンとフレイザーの主張によれば、先にステッカー、それから看板という2段階式のアプローチが有効なのは、人間には行動の一貫性をとりたいという強い欲望があるからだ。

論文では次のように説明している。

関与すること、行動を起こすことに対する意識が変化した。一度頼みを承諾すると、おそらく態度も変わる。本人の意識の中で、自分はこういう行動をする人間なのだ、という認識が生じている。他人の頼みを受け入れてやる人間だ、よいことのために行動をする人間だ、社会貢献のために協力する人間なのだ、と。

なんらかの行動をさせたいなら、まず、ささやかな行動を頼んでみるといい。手間はごく最低限で、自己認識に影響をおよぼす内容がいい。相手の心の中に小さな変化が起きたら、そのあとで本当の頼みをもちかけるのだ。

3 選択肢の数はなるべく減らす

ほかにも、行動を簡単にする方法として、選択肢の数に関する研究を紹介したい。提示する選択肢の数や量を減らしたほうが効果が高いというのだ。選択肢が多すぎると、人は決められなくなる。買うのをやめたり、いつもと同じ商品や一番安い商品を選んで済ませたりしてしまう。

「決定麻痺」と呼ばれるこの現象を発見したのは、コロンビア大学のシーナ・アイエンガーとスタンフォード大学のマーク・レッパーによる2000年の研究だ。二人はカリフォルニア州メンロパークにあるドレーガーズという高級食料品店に試食ブースを設置し、通りかかる買い物客にジャムの試食を勧めた。そして試食した買い物客に1ドルのクーポンを渡し、気に入ったジャムを買ってくださいと呼びかけた。

ジャムの数には変化をつけた。あるときは6種類のジャムを並べ、別のときには24種類のジャムを並べて、試食を促した。

すると、ジャムの選択肢が多かったときは、通りかかった買い物客242人のうち60％に相当する145人が足を止めて試食をした。反対に選択肢が少なかったときは、買い物客260人のうち足を止めて試食をしたのは40％、104人だけだった。選択肢が多いほうが反応がよかったということになる。

だが、マーケターとして気になるのは試食に立ち止まる確率ではなく、実際に商品を購入する確率だ。この点で結果は逆転していた。24種類のジャムを並べたとき、試食をしてから商品を購入したのは4人だけだったのだ（通りがかった人数全体の1・7％）。それに対し、6種類のジャムのときは31人が購入した（12％）。7倍以上の差がついている。

アイエンガーらの論文では、「選択肢が多いほうが好ましく見えるが、モチベーションを低めることもあるようだ」と考察している。

意味するところは明らかだ――客に提示する選択肢は減らしたほうがいい。

いや、その結論に飛びつくのは待ってほしい。フォローアップ研究の内容も考慮に入れる必要がある。実のところ、真実はそれほどわかりやすいものではなかったらしい。2015年、ノースウェスタン大学の心理学者アレクサンダー・チェルネフが行ったメタ分析では、決定麻痺は必ず起きるわけではないことが確認された。チェルネフは先行研究の実験53件を分析し、選択肢が少ないほうが好まれるのは次に挙げる4種類のシチュエーションであることをつきとめた。

1　本人に特別はっきりした好みがない
2　選択肢の中身になじみがない
3　選択肢がどれも似通っていて、突出したものがない
4　並べ方や見せ方が下手であるなどの理由で、選択肢の評価がそもそも難しい

チェルネフの分析によると、この4条件のいずれかに当てはまる場合に限り、決定麻痺

が生じやすくなる。当てはまるものがないなら、消費者は選択肢の多さを喜ぶ可能性が高いだろう。

4 受け手の世界観を舐めるな

ここまでは、正面から人に行動を促す方法を考察してきた。実際に存在する障壁を解消するというやり方だ。

一方、同じことに裏手から挑む方法もある。例として、イギリスでは知られていないがアメリカでは有名なキャンペーンの話をしたい。テキサス州政府が実施した、ゴミのポイ捨てをやめさせるためのキャンペーンだ。

1980年代のテキサスでは、長年のゴミのポイ捨てが深刻な事態になっていた。道路わきで山になった不法投棄物を回収するのに年間2000万ドルもかかってしまう。「テキサスの美観を守ろう」と呼びかける公共広告を流し続けたが、それでもポイ捨てはやむ気配がなかった。

いっこうにラチがあかないことに苛立ったテキサス州当局は、1985年に、州内の都市オースティンの広告会社GSD&Mを起用した。GSD&Mを率いるティム・マクルーアは、それまでの広告が依頼主側の世界観を反映していることに気づいた。依頼主とは――マクルーアが冗談めかして言った表現によると――平均年齢107歳のお役所委員会だ。

一方、ポイ捨てをしているのはルールなど意に介さない若者たち、マクルーアの表現によれば「ピックアップトラックに乗った輩《やから》」なのだから、老人が考える美観メッセージが心に響くわけがなかった。

行動が変化しないのは心理的に変化が起きないからだ、とマクルーアは考えた。過去のキャンペーンは聞き手の認識を変えさせようと試みていたが、それは無理筋というものだった。人はたいてい、自分の気持ちを他人から変えさせられるのはいやがるものだからだ。

そこで、GSD&Mが作った新しい公共広告では、受け手の世界観のほうに合わせることにした。マクルーアが作ったスローガンは「テキサスを舐めるな（Don't mess with Texas）」〔訳注 messは「散らかす」という意味で、mess withなら「けんかを売る、甘く見る」という意味になる〕。ゴミのポイ捨て問題を、テキサス人としての誇りを傷つけるものとして位置づけたのである。部外者なら気にしないかもしれないが、誇り高きテキサスの真の男ならば、絶対にそんなことをするわけにはいかない。

この広告は史上もっとも成功したポイ捨て禁止キャンペーンだと言われている。不法投棄の量は１９８７年から１９９０年で72％も少なくなった。あまりにも浸透したので、スローガンが大衆文化の一部になったほど。ジョージ・Ｗ・ブッシュは２０００年の共和党全国大会において、大統領指名受諾演説の中でこのフレーズを使った。アメリカ海軍の潜水艦「ＵＳＳテキサス」にも、この言葉がエンブレムに刻まれている。

行動バイアスをマーケティングに応用するときは、正面から挑み、行動を抑制している具体的な障壁を排除してもいい。しかし、裏手からのアプローチとして、行動改善を阻んでいる心理的な壁を取り除くというやり方もある。実はこちらのほうが大きな手ごたえを得られやすい。

5 あえて摩擦を作って行動をやめさせる

望ましい行動を奨励するにあたり、それを阻んでいる障壁を取り除くという発想は、逆から考えることもできる。望ましくない行動をやめさせたいなら、それがしにくくなるような摩擦を作ってしまえばいい。

これを証明したドラマチックな例がある。目的は自殺の防止だ。１９９８年9月、イギリス政府は、鎮痛剤の過剰摂取を防ぐ狙いで、新しい法律を制定した。消費者が一度に購入できる鎮痛剤は1箱までとする。1箱の最大容量も引き下げた（薬局で売る鎮痛剤は1箱32錠まで、一般の小売店で売る鎮痛剤なら16錠まで）。

自殺という深刻な行動であっても、こうしたささいな摩擦が有効だった。2013年に、オックスフォード大学自殺研究センター所長のキース・ホートン教授が、この法律の効果を調べている。イングランドおよびウェールズにおける1993年から2009年の死亡データ（イギリス国家統計局調べ）を分析したところ、制定後は鎮痛剤の過剰摂取にかかわる死者が43％減少したと見られることがわかった。11年間に765人が死なずに済んだという計算だ。

させたい行動をしやすくする、させたくない行動をしにくくするという手法は、人間の行動に関する基本的な想定とは一致しない気がするかもしれない。重要なのは本人の意欲じゃないのか、と思うことだろう。だが、しやすいかしにくいか、という要素の意味は大きい。モチベーションだけを考えていたら、その要素を活かすことができない。

障壁を取り除いて望ましい行動を簡単にする、もしくは摩擦を作って望ましくない行動を面倒にする作戦のほうが、こちらの意図どおりに相手を動かせる可能性が高い。

この法則はほとんどの状況で通用するのだが、ときには別の作戦が適している場合もある。望ましい行動をさせるために摩擦を加えるという作戦だ。矛盾していると思うかもしれないが、次の章でその意味を解説したい。

第3章 面倒にする

Make it Difficult

今日はバスに乗っている時間がいつもの倍に思えたが、なんとか降りるバス停に着いた。

バスを降り、電車の駅に向かう。さっさと通りたいのに、寄付金集めの人に引っかかってしまった。熱心そうな若者が、子どものチャリティ活動のため毎週引き落としの寄付プログラムに登録してくれないか、と頼んでくる。金額はなんと20ポンド。たいそうな金額にムカッとして、冷たく断る。若者はすぐに頼みを引っ込めたが、あなたを離そうとしない。「だったら1ポンドでどうです?」

うーん、それなら悪くないかもしれない。あなたは用紙に記入をした。自分のおかげで世界が少し救われる気がして、嬉しくなる。

前章で、フリードマンとフレイザーのフット・イン・ザ・ドアのテクニックを紹介した。あの実験は、カスタマージャーニーの最初のステップをできるだけ簡単にすることで、その後の行動変化を引き出せる可能性が高くなると教えている。

だが、その逆のことをしたら、どうなるだろうか。最初のステップをできるだけ面倒なものにしたら？　ばかばかしく聞こえるかもしれないが、駅前の寄付金集めのエピソードでは、最初に無理な頼みをすることで、結果的に寄付をさせることに成功している。

広告会社オグルヴィＵＫの副会長で、コンサルティング部門オグルヴィ・チェンジを立ち上げたローリー・サザーランドによれば、こうした正反対のはたらきかけも効果があるという。サザーランドは著書でこう書いている。

物理学で何か優れた着想を得たのなら、その逆はだいたい間違った着想となるはずだが、心理学の場合は、優れたアイディアの逆が非常に優れたアイディアということも、実はありうるのだ。正反対なのに、どちらも効果を出すことはめずらしくない。

彼の言うことは正しいだろうか。

ドア・イン・ザ・フェイスのテクニック

その答えはちゃんと出ている。1975年にアリゾナ州立大学の心理学者ロバート・チャルディーニが、フット・イン・ザ・ドアをさかさまにしたテクニックを実験した。チャルディーニはこれを「ドア・イン・ザ・フェイス」と呼んでいる〔訳注　怒った相手がこちらの顔の前でドアをぴしゃりと閉める様子から。「譲歩的要請法」とも〕。

実験では、大学キャンパスにいる人に声をかけ、地元の少年院で2時間のボランティア活動をしてほしいともちかけた。承諾したのは17％未満だった。

次に、別の人たちに別の頼み方をした。こちらはもっと極端だ。これから2年間にわたり週2時間、少年院でボランティア活動をしてくれませんか。かなりスケールの大きな要求だ。当然、誰もが断った。

ただし、こちらのグループには、断られたあとに続けて別の頼みごとをしている。最初のグループと同じ内容だ。2年が無理なら1日だけ、午後の2時間を使って、ボランティア活動をしてくれませんか。すると今回は50％が承諾した。

同じ要求でも、最初からそれだけ頼むのではなく、先に大変すぎる活動をもちかけたあとに頼み直すことで、3倍も承諾しやすくなっていたのである。

しかも、効果が表れたのはそのときの返事だけではなかった。実際にボランティア活動の参加率が大きく伸びたのだ。対照群で参加を約束した被験者のうち、本当に現れたのは50％だったが、ドア・イン・ザ・フェイスのテクニックを使ったほうの被験者では、その割合が85％に伸びていた。

不思議だ。なぜこのテクニックがうまくいくのだろうか。

一つの説明としては、これが「互恵性」と呼ばれるバイアスを発動させるからだと考えられる。互恵性というのは、「自分に恩恵を与えた人には、こちらも恩恵を与えるべきである」という関係のことで、社会学者アルヴィン・グールドナーがあらゆる文化に見られる法則として提唱した。チャルディーニも名著『影響力の武器』で、人に影響を与える方法6つの中に互恵性（返報性）を挙げた。この主張は実験データによって裏付けられている。

ボン大学の経済学者アーミン・フォークは2007年に、途上国で活動する慈善団体への寄付を募るという実験をした。団体からの本物の手紙が9846通送られたが、内容には違いがあった。一部の手紙は活動について説明する文章だけだったが、別の手紙にはプレゼントを同封した。ポストカードを1枚、または4枚1セット。手紙には「ダッカ〔訳

注　バングラデシュの都市」の子どもたちから贈り物です」「どうぞ飾ったり、誰かに送ったりしてください」と書き添えた。

この寄付金募集に対する反応には驚くほどの差が表れた。ポストカードを受け取ったほうが圧倒的に寄付をしている。手紙だけの場合と比べて、ポストカード1枚の場合は反応率が17％上昇、4枚では75％上昇していた。

反応率だけでなく、寄付金額も増えた。ポストカード1枚のグループでは平均寄付額が63ペンス、4枚のポストカードでは3ポンド65ペンスも高くなっていた。

互恵性とドア・イン・ザ・フェイスの結びつき

互恵性とドア・イン・ザ・フェイスがどうつながるのか説明しよう。

ドア・イン・ザ・フェイスのテクニックでは、最初に大きな要求をして、次に小さな要求をする。この2段階プロセスで、頼みをもちかけるほうは最初の要求を通すのをあきらめて、妥協をしたことになる。もちかけられたほうは互恵性の法則で、自分も同じような妥協をしなければならないというプレッシャーを感じ、小さな要求のほうを呑むことにする。

チャルディーニの表現によれば、「自分のために妥協してくれた人には妥協すべきだと感じる」、それが互恵性というわけだ。

この効果の具体的な活用方法を考えてみたい。

行動科学を応用するには

1 2段階アプローチで行動を変えさせる

ドア・イン・ザ・フェイスのテクニックは、ビジネスのさまざまな場面で応用できる。たとえば交渉の場だ。拒否されるに決まっている法外な金額を最初に提示して、次に、より合理的な金額を提示する。最初から合理的なオファーを出すよりも、いったん断られたあとに代案として出したほうが受け入れられる可能性は高い。

これは金額交渉に限らない。たとえば人に運動を勧める場合も同様だ。最初に、フルマラソンに出場するなど、過酷なチャレンジをやってみるよう求める。その提案が拒否されてから、5キロを走り切るなど、手の届きそうな目標を提示すればいい。

▼フット・イン・ザ・ドアと、ドア・イン・ザ・フェイスは、矛盾しているのか？

フット・イン・ザ・ドアと、ドア・イン・ザ・フェイスは矛盾するように思える。矛盾するテクニックが両方とも効果的だなんて、そんなことがありえるだろうか。

混乱するかもしれないが、実のところ、その矛盾は表面的なものだ。このテクニックはどちらも同じことを目指している。どちらも2段階式のアプローチで、カスタマージャーニーの本当の最初の一歩をできるだけ踏み出しやすくしているのだ。

フット・イン・ザ・ドアのテクニックでは、先に小さい行動を実践させることで、2番目に来る本当の狙いに踏み出しやすくする。ドア・イン・ザ・フェイスのテクニックは、同じことを裏手から攻めるアプローチだ。先に示す要求を実践させるつもりはない。あくまで、本題のほうがささやかで踏み出しやすく見えるようにするために、はじめの要求を提示している。

ドア・イン・ザ・フェイスのテクニックでは、先に示す要求を相手に実践させるつもりはない。次の本題をささやかに見せるのが狙いだ。

フット・イン・ザ・ドアのテクニックは要求内容の大きさを実際に変える。ドア・イン・ザ・フェイスのテクニックは、大きさの印象を変えているというわけだ。

2 イケア効果の応用

第2章のテーマは「簡単にする」ことだったが、この第3章で説明しているように、場合によってはむしろ面倒にしたほうがよい。望ましい行動をしにくくすることで価値が生まれるというのだ。

これを証明したのが、ハーバード・ビジネススクールのマイケル・ノートン、テュレーン大学フリーマンスクール・オブ・ビジネスのダニエル・モション、デューク大学のダン・アリエリーという三人の経済学者が2012年に発表した論文「イケア効果──手間が愛着に変わるとき（The IKEA Effect: When Labor Leads to Love)」だ。

論文は興味深い逸話で始まっている。1950年代、アメリカで労働市場に参入する女性が増え、共働きの家庭が多くなった。食品会社大手ゼネラル・ミルズは、この傾向が同社の製菓材料ブランド「ベティ・クロッカー」の売上を下げるだろうと理解した。両親がともに忙しければ、自宅で材料をそろえてケーキを焼く時間もなくなるからだ。

そこで、むしろこのトレンドを逆手にとって、インスタント・ケーキミックスを発売することにした。ミックス粉を買って、水を加えて、かきまぜてオーブンに入れれば、それだけでケーキができあがる。

社会のトレンドに巧みに乗った商品だ。これ以上ないというほどシンプルな商品でもある。ところが、発売して反響を待ってみても、売上はいっこうに伸びていかない。

なぜだろうか。

ゼネラル・ミルズ経営陣は最初は戸惑っていたが、しばらくして答えがわかった。手順を簡単にしすぎたのだ。考えてみれば、ケーキを焼くというのは単にてっとりばやくカロリーをとらせるだけの行為ではない。多くの場合は家族や友達に対する愛情表現だ。手順が簡単すぎると、なんとなく心がこもっていない気がしてしまう。

そこで、ゼネラル・ミルズは手順にひと手間を加えて、少しだけ面倒にすることにした。水だけでなく、卵も加えなければ作れないようにしたのだ。

ほんのちょっとの手間を要するという単純な工夫で、人はミックス粉のケーキ作りも本当のケーキ作りだと感じるようになった。そして売上も一気に伸び始めた。

▼面倒にすることについてのエビデンス

面白い逸話だ。だが、これは広く当てはまる真実だろうか。

アリエリーら三人の研究者はさらに調べることにした。被験者を集め、半分のグループにはイケアのシンプルな黒い箱を組み立てさせた。こちらのグループが「ビルダー」だ。残りの半分はビルダーではなく、組立作業はしない。すでに完成したイケアの箱を見るだけだ。

それから全員に、この箱をいくらで買いたいか入札させた。さらに、箱がどれくらい気に入ったか7ポイント制で評価するよう求めた。

組立作業をしなかったグループが箱につけた金額は平均48セント。ところがビルダーは78セントという値をつけた――63%も高い。しかも、ビルダーのほうがそうでないグループよりも箱を好きになっていて、評価にも52%の差がついていた。

この発見がまぐれでないかどうか確かめるために、ノートンとモションとアリエリーはイケアの箱ではなく、折り紙で作る鳥で同じ実験をした。すると、やはり同じ結果になった。

何かを手に入れるために多少なりとも労力をかけると、人はその対象に価値を感じるようになる。三人の研究者はそう結論づけ、実験そのままのネーミングで「イケア効果」と名付けた。

商品に対する消費者や顧客の評価を高めたいなら、少しの面倒や摩擦を加えるのがいいかもしれない、というわけだ。

▼摩擦を加える

このテクニックは実のところ応用範囲がかなり広い。飲食の世界で言えば、タイ料理ブランドのブルードラゴンが、カレーキットの販売に利用している。カレー作りの材料をそれぞれ別のパウチに入れてセットにして、調理の際に少しの手間を要するようにしたことで、商品の評判を高めたのである。

テクノロジーの世界では、アップルがパッケージにこの法則を活用している。ジャーナリストのトム・ヴァンダービルトによれば、アップルは商品開封の手順に適度な摩擦を加えるべく、その開発に数カ月もかけるのだという。ヴァンダービルトはコラムでこう説明している。

アップルの箱を開けるにあたっては絶妙な手間がかかる。そのため、新しいiPhoneが満を持して姿を見せるまで、じりじりするような間が生じる。(……)

箱はただのきれいな入れ物ではなく、これ自体が、入念に用意された儀式なのだ。バリバリと無造作に開けたりはしない。内側に収められたものに自分のほうが誘い込まれていく。

ワインも同じだ。コルクを抜くというひと手間をかけたほうが、キャップをねじって外して注ぐよりも、中身が上質なものに思えてくる。そんなわけはないと思うだろうか？　だが、ワインについては実験でちゃんとエビデンスが確認されている。

2017年、オックスフォード大学の心理学者チャールズ・スペンスとチエン・ワンは、被験者140人に、2本のマルベック〔訳注　赤ワイン〕を試飲させた。片方はねじきり式のキャップを開けて飲む。もう片方はコルクを抜いて飲む。

被験者には知らされていなかったが、2本はどちらも同じマルベックだ。ところが、コルクスクリューを使って開栓したときのほうが、被験者は品質を10％高く評価し、おいしさも4％高く評価していたのである。

さらにその後の興味深い実験で、高評価の理由がコルクと品質を結びつけて連想したからではなく、ただただ開栓作業の手間をかけたかどうかの差だったことがわかっている。

このときの被験者も2種類のワインを試飲するのだが、自分で開栓はしない。誰かがワインを開ける音だけを聞く。コルクを引き抜くポンッという音を聞くグループと、キャップをねじ切る音を聞くグループに分けたところ、コルクの場合の品質評価は8％しか高くならなかった。おいしさの評価も、キャップの場合と比べてたった1％高かっただけだ。

「簡単にする」と「面倒にする」。正反対の作戦だが、どちらもブランドを売り込むにあたって役に立つ。ただし効果の性質は異なる。消費者の認識よりも行動に変化を起こすことが目的なら、「簡単にする」作戦を選ぶほうがいい。反対に、品質に対する評価を高めたいと思うなら、「面倒にする」作戦のほうがうまくいく。

状況に応じて、どちらの作戦がふさわしいか判断する必要があるだろう。

3 「これには手間がかかっている」と意識させる

簡単と面倒、どちらか片方だけを選ぶのは難しいと思うなら、両方のいいところ取りをするという手もある。ここで考えてみたいのが、「努力の幻想」と呼ばれるコンセプトだ。

実験について説明する前に、イケア効果の研究にもたずさわった心理学者で行動経済学者のダン・アリエリーのエピソードを紹介したい。アリエリーはあるコンサート会場で一人の老人と話をした。錠前屋だという老人は、見習いだった若い頃は仕事にずいぶん時間がかかり、ときには鍵開けができず依頼主の家のドアを壊さなければならないこともあったという。だが、そんなときでも労をねぎらわれ、ふんだんにチップをもらっていた。

年月が経つと、彼は迅速かつ容易に鍵を開けられるようになった。困っていた依頼主はあっというまに家の中に入ることができる。ところが依頼主は、その熟練の技をねぎらうどころか、代金を払うのが惜しいそぶりを見せるのだった。もちろんチップも払われなくなった。

錠前屋の話は「努力の幻想」を表している。人は労力が払われるのを見ると、その物事の価値を高く感じる傾向があるのだ。つまり、消費者に手間をかけさせるかわりに、ブランド側がそこにどれだけの労力を注ぎ、どれだけの苦労をしたか、消費者にわかってもらうという手法も有効と言える。

推測ではない。この心理バイアスを裏付ける学術的エビデンスがある。

2005年、南カリフォルニア大学助教アンドレア・モラレスが、多大な労力をかけたと示す企業のほうが消費者から高く評価されるかどうかを確かめる実験をした。

被験者は引越先を探して不動産仲介業者に依頼するという設定で、自分のために用意されたおすすめ物件10件のリストを読む。被験者の半分は、担当者が9時間かけて物件を選び抜いた、と聞かされる。残りの被験者は、コンピューターを使って1時間でリストを作成したと聞かされる。

それぞれのシナリオに沿って、被験者は不動産仲介業者に対して1から100までの数字で評価をつける。すると、担当者が労力をかけなかったシナリオでは、評価は100点中平均50点だった。多大な労力をかけたシナリオでは、その数字が36%も上昇し、68点になった。

▼労力の見える化

時間や労力をかけるだけでは意味がない。カギは「透明性」だ。その努力が確かに進行していることが、消費者にはっきり見える必要がある。

透明性の重要さは、ハーバード・ビジネススクールの研究者ライアン・ビュエルとマイケル・ノートンの2011年の研究で実証されている。二人はフェイクの旅行予約サイトを何パターンか用意して、266人の被験者に、そのサイトで旅行の手配をするよう求めた。

一つのウェブサイトでは、条件を入力して結果が出るのを待つあいだ、画面には検索しているフライトのリストが次々と入れ替わる様子が映し出される。別のウェブサイトでは、同じ画面で、進行中であることを示す色付きのバーだけが表示される。最後に被験者は予約サービスの価値を評価した。すると、透明性が高い、つまり何をやっているか見える仕掛けになっていたほうが評価が8％高かった。進捗バーではなく、今まさに自分のためにフライトが検索されている様子を見守っていたほうが、価値を感じたというわけだ。

労力は見てわかるようにしたほうがいい。この旅行予約サイトの例のように、文字どおり「見える」ものにしてもいいだろう。特にデジタルサービスならそうした工夫は取り入れやすい。

宣伝の仕方によって、舞台裏の労力が「見える」ようにすることもできる。すばらしい例が掃除機のダイソンだ。ダイソンは、完璧な掃除機を作るために5127個の試作品でテストをしました、といった事実を頻繁に宣伝している。

ドミノ・ピザも、アプリ内で業務を見せることで、努力の幻想を巧みに活用している。アプリでピザを注文したユーザーは、自分のピザが今まさに作られている経緯を、ライブフィードで見守ることができるのだ。スペインのビルバオ・ビスカヤ・アルヘンタリア銀行（通称BBVA）も同様の工夫で、ATM画面のアニメーションで、引き出す紙幣が数えられている様子を見せる。

画面だけではなく物理的な形でも、労力を見せるチャンスはある。レストランなら、厨房でシェフたちが忙しく働く姿が客から見えるようにすることで、同じ効果を狙える。ビュエルの2017年の実験で、注文した料理を準備する光景が見える場合と、見えない場合を比較したところ、同じメニューでも前者のほうが客は22%高く評価していた。

ただし、このテクニックには注意が必要だ。

消費者にこのバイアスをかけさせるからといって、商品の品質が低くてもいいことにはならない。ビュエルの別の実験では、フェイクのマッチングサイトを用意して、プロフィールに仕掛けをした。被験者はマッチング相手を検索する。自分の条件に合う相手が表示されたり、合わない相手が表示されたりするのだが、実はマッチングプロセスの透明性に変化がつけてあった。年齢、身長、居住地、好みなど、何を根拠にマッチングしたかユーザーに見せる場合と、そうしたプロセスを見せない場合を作ったのだ。

結果は明白だった。合いそうな相手が表示されたときの被験者は、マッチングプロセスに透明性があったほうが、より結果に満足する傾向があった。だが、合わない相手が表示されたときの被験者は、そのプロセスに透明性があったほうが、むしろサービスに不満を抱く傾向があった。どうやらこの効果は、ブランドに対して消費者が抱く印象をひっくり返すのではなく、あくまで、印象を強めるだけであるらしい。

商品デザインやマーケティングで透明性を設け、努力の幻想をもたらすのはよいのだが、そもそも評価に値するような好ましい商品を作ることが先決というわけだ。

この章では「面倒にする」ことのメリットをさまざまに検証した。ただし、まだ説明していない利点が一つある。メッセージを少しだけわかりにくくすれば記憶にも残りやすくなるのだ。ブランドにとって非常に役に立つので、次の章をまるごと、この作戦の説明に使いたい。

第4章 産出効果

The Generation Effect

駅のコンコースを横切るとき、ポスターが目に入った。「ひま□は癌の原因」と書いてある。英国王立がん研究基金のポスターだ。あなたはしばし立ち止まり、この文章の意味を考えた。

ポスターの下のほうに、さらに詳しい説明がある。「予防できたはずの癌、その原因は1位が喫煙。2位は何でしょうか」。

ははあ、そういうことか。空欄に「ん」が入って、「肥満」だ。

英国王立がん研究基金のポスターは、行動科学で言うところの「産出効果」を利用している。産出効果というのは記憶バイアスの一種で、トロント大学の心理学者ノーマン・スラメッカとピーター・グラフが最初に報告した。

二人が1978年の論文で紹介している実験では、24人の学生に、単語を二つ一組で書いたさまざまなカードを見せた。被験者の半分は、似たような2単語が並んだカードを見る。残りの被験者が見たカードは少しひねりが加わっていた。1単語は正しくつづられているのだが、もう1単語のほうは文字が欠けている。たとえば「rapid（急速な）」と「fas□」〔訳注　正しくは「fast」で「速い」〕といった具合だ。

被験者はカードをすべて読んでから、暗記テストを受ける。すると、ふつうに書かれたカードを読んだだけの被験者グループよりも、つづりが欠けた単語を見て頭をひねりながら読み進めた（答えを脳内で産出した）被験者グループのほうが、記憶率が15％高かった。

発見のアップデート

この発見は興味深い。だが、もしかしたらあなたは妥当性を少し疑っているだろうか。何しろ45年前の研究だ。被験者はごく少数の学生だし、調べた単語もビジネスやマーケティングには関連がないので、応用がきくとも考えにくい。

私も同じことを考えた。そこで、広告会社レオ・バーネットのマイク・トレハーンとともに実験のアップデートを試みることにした。2020年、私たちは415人の被験者に、自動車、銀行、美容、スーパーマーケット、家電という5種類のカテゴリーに含まれるさまざまなブランドの名前を読んでもらった。

ブランド名は正しく表記されている場合（たとえば「HSBC銀行」）と、つづりに空欄を含む場合（「H□BC銀行」）があった。被験者がひととおり読んでから、ブランド名の暗記テストを実施した。

結果は1978年の発見を裏付けていた。私たちの実験でも、頭をひねる必要があったブランド名は92％思い出せていたのに対し、ただ読むだけで苦労しなかったブランド名のほうは、81％しか思い出せなかった。頭をはたらかせたことで、記憶の残りやすさが14％高まったというわけだ。逆に言うと、ただブランドの名前を読まされただけでは、その名前が記憶に残らない確率が2・5倍になる。

答えを自分の頭の中で作り出す、つまり産出することに伴う認知的労力が、情報を脳にしっかりこびりつかせるのである。

それでは、このバイアスの応用方法を考えてみよう。

行動科学を応用するには

1 産出効果は正面からだけでなく、裏手からも使える

本章の冒頭で紹介したポスターは、2019年に本当に実施された英国王立がん研究基金の広告だ。産出効果を正攻法で利用して、グラフとスラメッカが1978年に実施した単語カード実験をそのまま広告にしている。エビデンスを見る限り、実際に強く印象づけることに成功しているようだ。とはいえ、この作戦は一度や二度なら使えるかもしれないが、少々限定的すぎるので、繰り返して利用することは難しいかもしれない。

行動科学の実験で重要な点は、表面的な細部にとらわれず、発見の要点に注目することだ。産出効果の場合、要点は、オーディエンスを巻き込むという部分にある。受け手に多少の労力を払わせることによって、記憶に残りやすくするというのがポイントなのだ。

得られた発見の意味を、このように概念化して理解できれば、応用の範囲もぐっと広くなる。

たとえば20世紀の偉大なコピーライター、デイヴィッド・アボットは、経済紙『エコノミスト』の購読を誘う広告で、こんな一文を掲げた。

「僕はエコノミスト紙なんて読みません」管理職見習い、42歳。

文字を隠してはいないが、これも産出効果を活用している。何が言いたいのか、あえてはっきり言わず遠回しにすることで、読み手に頭をはたらかさせているのだ。だから記憶に残る。この裏手からのアプローチの強みは、シリーズとして何バージョンも展開できることだ。単語のつづりを虫食いにするアプローチでは、どうしても作れる数に限界がある。

優れた広告が記憶に残るのは、たいてい、読み手にちょっとだけ頭を使わせるものになっているからなのだ。「なるほど、そういうことか」と思い、自分の賢さに嬉しくなって、友人にも話したくなる。思わず見入ってしまう面白さと、頭脳労働を要する謎、その二つの絶妙なバランスが成立している。

優れた広告が記憶に残るのは、たいてい、読み手にちょっとだけ頭を使わせるものになっているからだ。「なるほど、そういうことか」と思い、自分の賢さに嬉

しくなって、友人にも話したくなる。

広告の世界以外でも、物書きは昔から、読者に想像させることの重要性を知っている。小説家のC・S・ルイスは1956年に、ジョーン・ランカスターという名前の幼い愛読者から来た手紙への返信で、執筆についてこんなアドバイスをした。

読者にこのように感じさせたいのだ、という理由で、そのままの形容詞を使ってはいけません。たとえば「おそろしい」という言葉は使わずに、読んだ人が自然とおそろしい気持ちになるような書き方をしましょう。「楽しそう」と書かずに、これは楽しいよね、と思わせる描写をしましょう。こういう言葉（「ゾッとするような」「とてもすごい」「不気味な」「信じられないくらいすばらしい」など）を押し付けるのは、読者に対し、「本当は作家が工夫すべきことですが、これで受けとめてください」と言っているようなものなのです。

2 問いかけは産出効果を高めるか

簡単にしたい、しかし労力もかけさせたいという、相反する条件を両方叶える方法として、宣伝文にシンプルな問いかけを入れてもいいだろう。問いに答えるために考えをめぐらせるので、産出効果がはたらくからだ。

ここには別のメリットもある。問いかけは説得力を高めるのだ。

エビデンスは2004年、ミネソタ大学のロヒニ・アルワリアとオハイオ州立大学のロバート・バーンクラントの研究で示されている。実験では135人の被験者を集め、何枚かの広告を見せた。どの広告も同じ内容を伝えているが、問いかける形式と、宣言する形式に分かれている。たとえば前者は「アヴァンティのシューズを履くと、関節炎の発症リスクが下がることを知っていましたか?」、後者は「アヴァンティのシューズは関節症の発症リスクを下げます」という具合だ。

被験者は最後に広告に対する感想を9ポイント制で評価する。優れているか下手だったか。好ましかったか、好ましくなかったか。良質だったか、悪質だったか。

結果を見ると、問いかけを読んだほうの被験者は、説明文を読んだ被験者よりも、ブランドに対する好意的な評価が14％高いことがわかった。

しかし、なぜ問いかけがそんなに説得力を発揮するのだろう？　心理学では、問いかけが効果的になる理由として、聞き手に「自分が主体的にかかわっている」という気持ちにさせるからだと考える。ジャーナリストのアーサー・ケストラーは、これを「芸術家は鑑賞者を共犯者にすることで、その心を支配する」と表現した。

ペンシルヴェニア大学ウォートン校の教授ジョーナ・バーガーは、『ハーバード・ビジネス・レビュー』誌に寄稿した論文で、問いかけによって読み手の役割が変化すると説明している。


問いを投げかけられた読み手は、反論したり、賛同できない理由を持ち出すのではなく、問いの答えを探し、その問題について自分がどう感じるか、どう考えるか、思いをめぐらせる。すると受け入れる気持ちが高まる。他人の意見をそのまま受け入れるのは気に食わないが、自分自身の意見であれば納得できるので、結論を積極的に支持する気になる。何しろほかでもない自分の思考や信念や好みを反映させた自分の答えなのだから、それに沿って行動を起こす可能性が高い。

これは単なる理論ではない。アメリカでもっとも優れた選挙広告とも言われる広告も、この作戦を活用している。1960年の大統領選に出馬したジョン・F・ケネディは、「リチャード・ニクソンは信用できない」という評判に国民の目を向けさせたいと考えた。だが、政敵が不誠実だと直接的な言葉で批判すれば、有権者の反発《リアクタンス》を招き、むしろニクソンへ票が流れてしまう可能性も考えられる（第12章でくわしく解説するが、ここで言う反発《リアクタンス》とは、人が自分の自主性を脅かされたと感じたとき、自由を取り戻そうとして、たいてい逆の行動に出ることを指す）。

ケネディの選挙陣営は、賢明にも、そうした手を使うのは避けた。かわりに、にやりと笑うニクソンの顔と、「この男が中古車を売っていたら、買う気になりますか？」という文章を添えたポスターを作ったのである。

イギリス広告業界の重鎮として知られるジェレミー・ブルモアが、この広告について述べた考察を紹介したい。

受け手の加担を促す意図的な誘いだ。どことなくキナ臭いニクソンの評判と、実際に狡猾さを思わせる外見、その両方を巧みに利用することで、広告を見た者の想像をかきたてている。

反発を避けたいなら、直球で断言する広告文は少し修正しよう。問いかけの形で投げかけるのだ。

3 デザインで、受け手に少し苦労させる

最後に説明するのは、この法則を広告のコピーライティング以外に応用する方法だ。デザインを通じて、広告にほんのちょっぴりの摩擦を加えるという手がある。

プリンストン大学の心理学者ダニエル・オッペンハイマーが2010年にこのアイディアを実験している。調べたのは、文字のフォントによる記憶しやすさの違いだ。被験者28人には、3種類の宇宙人についての説明文を読ませた。それぞれ7つずつ特徴がある。ただし、説明文は2種類のフォントで書かれていた。片方のフォントはすっきりして読みやすいブロック体だが、もう片方はイタリック体で、少々読みづらい。

続いて暗記テストをすると、読みにくいフォント——情報の学習に摩擦が多かった——を見せられた被験者のほうが、読みやすいフォントを見た被験者よりも、よく思い出せていた。前者が87％、後者が73％だ。

読みやすいフォント（流暢に処理できる）	読みにくいフォント（流暢に処理できない）
ノルグレッティ星人 ・身長は2フィート（60センチ） ・花弁と花粉を食べる ・目は茶色	**パンゲリッシュ星人** **・身長は10フィート（3メートル）** **・緑の葉野菜を食べる** **・目は青**

出所：オッペンハイマーの論文より抜粋

読みにくいフォントは、脳に適度な摩擦を与えていた。集中力を要するが、ギブアップするほど難しくはない、ちょうどいい量の摩擦だ。

このテクニックは応用しやすい。消費者に呼びかける目的が憶えてもらうことにあるときは（気づいてもらうこと、説得することなどが目的ではない）、文章に使うフォントを少しだけ読みにくくするといい。

この章では産出効果が記憶しやすさを高めることを説明した。行動科学は、憶えさせる方法をほかにもいくつか発見している。たとえばリズムや韻も利用できる。次の章で説明しよう。

第5章 キーツ・ヒューリスティック

The Keats Heuristic

電車は混んでいて不快だったが、ようやく降りる駅についた。ホームに足を踏み出したとき、背後で誰かのくしゃみが聞こえた。あなたはギクッとした――「コホン、ハクション、感染！」。

同じ車両に乗り合わせただけの赤の他人が、わざとくしゃみをして病気を広めようとすることだってあるかもしれない。菌を浴びなかったことを願いつつ、あなたは職場へと急ぐ。

「コホン、ハクション、感染！」（coughs and sneezes spread diseases）――1918年から1920年、スペイン風邪が流行していたアメリカで、そして1942年にイギ

韻を踏んだフレーズ	韻を踏まないフレーズ
Woes unite foes わざわいは敵同士を団結させる	Woes unite enemies
What sobriety reveals, alcohol conceals 素面ならわかることも、酒が入ればわからなくなる	What sobriety reveals, alcohol unmasks
Life is mostly strife 人生は苦労ばかり	Life is mostly struggle
Caution and measure will win you treasure 慎重さと策があれば、宝が手に入る	Caution and measure will win you riches
Variety prevents satiety 目移りすると満足できない	Variation prevents satiety

リスでも使われた感染予防キャンペーンのコピーだ。100年前に書かれたものであるにもかかわらず、現代でもふとしたときに思い出すほどのインパクトがある。

この一文が説得力をもつのは、言葉が韻を踏んでいることが一因だ〔訳注 「くしゃみ（スニーズ）」と、「病気（ディジーズ）」〕。ラファイエット大学の心理学者マシュー・マクグローンとジェシカ・トファイバクシュによる2000年の研究が、このように韻を踏むことの効果を明らかにしている。

二人の実験では、あまり有名ではないが韻を踏んでいる格言やフレーズを集め、次に、それらの言い換えバージョンを作成した。意味は同じだが、韻を踏んでいない。例をいくつか上の表にまとめた。

次に、100人の被験者にこれらの格言を読ませた。格言は合計15個、ただし韻を踏んだ文章と踏んでいない文章がそれぞれランダムに選ばれている。ある被験者は「ウォウズ・ユナイト・フォウズ」を読み、別の被験者は「ウォウズ・ユナイト・エネミーズ」を読んだ。

被験者がすべてに目を通したら、「この格言は、人間の行動をどれくらい的確に言い当てているか」という観点から、フレーズを評価するよう求めた。格言のもつ真実味に差が出るかどうか比較するのが目的だ。

結果は歴然としていた。韻を踏まないフレーズの真実味の評価は、9ポイント中平均5・26だったが、韻を踏むフレーズのほうは6・17だったのだ。17％も真実味が増して感じられたのである。

意味は変わらないのだから、この差は驚きだ。

心理学では、これを「韻による処理流暢性向上の結果」と考える。頭にすっと入る情報ほど、信憑性が感じられるという意味だ。人は、情報の処理しやすさと真実味をイコールで結びたがる。*このように韻を踏んだ文章の真実味が増して感じられる現象を、心理学者は「韻踏み効果」という。または、韻を巧みに駆使したイギリスの詩人ジョン・キーツの名をとって「キーツ・ヒューリスティック」と呼ぶ。

頭にすっと入る情報ほど信憑性が増して感じられる。

理屈はわかった。では、このキーツ・ヒューリスティックをどのように応用できるだろうか。

＊この発見はかなり昔にも指摘されている。哲学者のニーチェは1882年の著書『悦ばしき知識』で、こう書いた。「誰より賢い者でさえも、リズムでだまされることがある――賢人を含め私たちは、なんらかの意見が韻を踏んだ形で、荘厳なきらめきと躍動感を伴って提示されると、実際以上にそれを真実だと思い込んでしまうのだ」。

行動科学を応用するには

1 リズムを活用して信憑性を高める

キーツ・ヒューリスティックはかなり役に立つ発見だ。ブランドの客となりうる層を遠ざける原因、すなわち「広告が信じられない」という問題を解決する力になる。市場調査会社イプソス・モリは2020年に、イギリスに住む約2000人の成人を対象として、広告会社幹部は一般的に真実を言うと信じるかどうか尋ねた。「信じる」と答えたのは13%のみ。政治家よりも大臣よりも、不動産エージェントよりも、広告会社の人間は信頼されていないのだ。

だからこそキーツ・ヒューリスティックの出番だ。広告の文章に韻など修辞的な仕掛けを入れれば、信憑性を増すことができる。

格言は古臭くて現代では使いづらく、無理があると思うかもしれないが、格言の実験をした心理学者たちが、必ずしも格言でなくてもよいことを明らかにした。

彼らの論文は、現代でも韻を踏めば人を説得できる例として、1994年のO・J・シンプソン事件の裁判を挙げている。裁判の流れを決定的に変えた要因の一つが、被告人側弁護士ジョニー・コクランのこんな発言だった。「手袋が合《フィット》わない、すなわち有罪は見合《アクウィット》わない」。

もしもコクランが、「手袋が合わなければ、彼が有罪ではないと認めなければならない」といったふつうの言い方をしたとしたら、この発言に同じようなインパクトがあったとは考えにくい。

この話はただのエピソードだが、韻で広告効果が高まると証明した研究もある。2013年、オスロ大学のペトラ・フィルクコヴァとノルウェー科学技術大学のスヴェン・フロア・クレンペが、ファッションブランドのEGOや減量支援プログラム「ベターライフ」など、実在するブランドの広告スローガンで実験をした。韻を踏んだ文章と踏まない文章の2パターンを作り、それを183人の被験者に読ませている。

被験者の半分は韻を踏むスローガンを読み、残りの半分は踏まないスローガンを読む。その後、スローガンの内容を信じられるかどうか質問すると、韻を踏んだスローガンを読んだ被験者のほうが信憑性を22%高く評価した。そのブランドを試してみたい、という意欲も10%高かった。

2 リズムを活かして記憶に残す

押韻のメリットは信憑性だけではない。記憶への残りやすさも大きく高まる。私が2017年にアレックス・トンプソンと一緒に行った予備実験では、メディアエージェンシーで働く36人に、5分間かけて10種類の文章に目を通してもらった。10種類のうち、韻を踏んだ文章は5種類だけだ。そして数時間ほど時間をあけてから、被験者にもう一度戻ってきてもらって、読んだ文章をできるだけ思い出してほしいと求めた。

結果は明白だった。韻を踏んだ文章は29％思い出せるのだが、踏まない文章では14％だけになる。記憶への残りやすさが倍以上も違うのだ。

何をいまさら、とあなたは思うかもしれない。語呂がよいほうが効果的であることは、広告業界関係者なら誰でも知っているし、広告文の多くが実際にこのテクニックを使っている。たとえば……。

We all adore a Kia-Ora　ぼくたち、みんなキアオラに夢中《アドア》

〔訳注　ペットフード・ブランド「キアオラ」のコマーシャル〕

You only get an oo with Typhoo　タイフーがおいしくて「ふう」しか出てこない
〔訳注　ティーバッグのブランド「タイフー」のコマーシャル〕

Easy peasy lemon squeezy　イージー・ピージー・レモン・スクイージー
〔訳注「イージー・ピージー」は「めっちゃ簡単」くらいの表現。食器洗剤「スクイージー」のコマーシャル〕

Once driven, forever smitten　一度のドライブ、永遠にラブ
〔訳注　車をテーマにしたポッドキャストのタイトル〕

For mash, get smash　マッシュにスマッシュ
〔訳注　マッシュポテトのレトルト食品「スマッシュ」のコマーシャル〕

It's a lot less bovver than a hover　ホバーより面倒《ブバー》なし
〔訳注　芝刈機メーカーが、他社のホバー型芝刈機よりも使いやすいと謳ったコマーシャル〕

Don’t be vague, ask for Haig　曖昧《ヴェイグ》にしないで、ヘイグを頼もう
〔訳注　ウイスキーブランド「ヘイグ」のコマーシャル〕

Once you pop, you can’t stop　開けたら《ポップ》最後、止められ《ストップ》ない
〔訳注　チップス「プリングルズ」のコマーシャル〕

No battery is stronger longer　どの電池より強くて長持ち《ストロンガーロンガー》
〔訳注　乾電池「デュラセル」のコマーシャル〕

A Mars a day helps you work, rest and play　今日もマースでがんばりまーす
〔訳注　チョコレートバー「マース」のコマーシャル〕

Beanz Meanz Heinz　ビーンズならハインツ
〔訳注　食品メーカー「ハインツ」のベイクドビーンズ缶詰のコマーシャル〕

たくさん並べたが、一つ共通点がある。これらはすべて30年以上前のコマーシャルで使われたフレーズだ。ウイスキーのヘイグのコマーシャルは1930年代に流れていたし、ハインツのベイクドビーンズ缶詰のフレーズは60年代に作られたものだし、マッシュポテトのスマッシュは70年代だ。それに引き換え、過去20年間ほどを振り返ると、こんなに印象に残る語呂のいい広告フレーズはなかったような気がする。最近の広告はすぐに忘れてしまうものばかりだ。

そう感じるのはあながち根拠のない感想ではない。私はアレックス・ボイドとの共同研究で、メディア企業ニューズＵＫの記録保管庫を借り、『タイムズ』紙と『ザ・サン』紙に掲載された広告を１９７７年までさかのぼってすべて洗い出した。何時間もかかる作業で苦労したが、明確なパターンが見えてきた。

はっきりと韻を踏むフレーズを使った広告の数は過去10年間で半減している。２００７年の印刷広告で、韻を踏むフレーズが含まれていたのは約４％。30年前は10％だったのだ。

▼韻を踏まなくなった理由

韻を踏んだ文章は効果的なのに、なぜ広告に使われなくなったのだろう。理由はおそらく、韻を踏むことが広告作り手のモチベーションと合致しないせいだ。

広告の作り手は自分の作品が広告業界で高く評価されることを望む。それはおかしくないのだが、業界内で褒められる広告が実際に広告として効果的かというと、そうとは限らない。同業者が褒めるのは往々にしてテクニックの高度さだ。韻を踏んだり語呂をよくしたりする単純な手法は、ベタすぎて軽視されやすい。

哲学者ナシーム・ニコラス・タレブが著書『身銭を切れ』で書いている説明に沿って言うならば、韻を避ける理由は広告会社が「身銭を切」っていないからだ。作った広告に商品を売る力がなかったとしても、自分はさほど困らない。こうした態度のせいで生じる問題について、タレブはこう説明している。

身銭を切らない連中の設計した物事は、どんどん複雑になる傾向がある（そして最終的に崩壊する）。そのような立場にある人にとって、シンプルなものを提案するメリットはまったくない。成果ではなくイメージで報酬を受け取る人は、とにかく高度なものを披露しなければならない。学術誌に〝学術〟論文を提出したことがある人なら、必要以上に複雑化すると、受理してもらえる確率が上がることをご存じだろう。

〔訳注　『身銭を切れ』望月衛監訳、千葉敏生訳、ダイヤモンド社、2019年、63ページ〕

行動科学で考えると、単純な解決策はたいてい高い効果があるものだ。行動科学の知識がもっと広がれば、過去の広告で実践され実証されてきたシンプルな作戦が、ふたたび評価されるようになるのではないか。

そうなることを期待して、本章の後半では読み手の心にすっと入ってくる、すなわち処理流暢性の高いシンプルな作戦をもう少し紹介したい。

3 頭韻で真実味を高める

作家や詩人は昔から、巧みな言語表現で処理流暢性を高め、読み手の心をつかんでいる。そうしたテクニックの一つが「頭韻法」だ。

私がヘイミッシュ・ブロムリーおよびジョアンナ・スタンレーとともに2022年に行った研究では、単語の最初の子音をそろえる頭韻のテクニックで信憑性と記憶しやすさが高まるかどうかを調べた。単語のお尻で韻を踏む効果を調べたマクグローンとトファイバクシュの場合と同じく、頭韻を含む格言を10種類集め、韻を踏まない言い換えバージョンも作成した。ここに10種類すべてを掲載する。

頭韻ありバージョンとなしバージョンを半分ずつ混ぜた合計10個の格言を被験者に読ま

頭韻を踏んだフレーズ	頭韻を踏まないフレーズ
Be a worthy worker and work will come 重宝がられる人材になれば、仕事は向こうからやってくる	Be a valuable worker and jobs will come
Sleep softens sorrows 寝れば苦しみもやわらぐ	Sleep lessens worries
Favour the fact, forgive the flaw 事実を優先し、欠点は許そう	Consider the facts, overlook the mistake
He who rests grows rusty サボっていると、腕はさびつく	He who rests loses ability
Great losses are great lessons 大きな損失は大きな学び	Great losses are valuable teachings
Good deeds die when discussed 善行は話題にしたら台無し	Good deeds go to waste when spoken
Courage kills complications 勇気があれば、難しいことも難しくなくなる	Courage erases difficulty
Barking dogs seldom bite ほえる犬は滅多に噛まない	Barking dogs seldom wound
A break will help you blossom 挫折を経験してこそ花開く（失敗は成功の母）	A break will help you flourish
Many men have many minds 考え方はひとそれぞれ（十人十色）	Many men have numerous minds

せ、それぞれの内容の真実味について、9ポイント制で評価するよう求めた。数字を集計してみたところ、頭韻を踏む格言は真実味の評価が平均6・11だったのに対し、頭韻を踏まない格言は5・72だった。頭韻を踏むと7％も真実味が増すことになる。

さらに数時間ほど時間をあけてから、被験者に暗記テストを受けさせた。読んだ格言をいくつ思い出せるか。こちらはさらに大きな差がついた。頭韻を踏んだ格言では平均66％思い出せていたのに対し、踏まないフレーズでは54％。記憶への残りやすさで22％の開きがあったのである。

4 リスク認知を下げたいなら、ブランドネームは言いやすいものに

処理しやすい情報は真実味を感じさせる。人は、情報が処理しやすいことと、その情報が真実であることをイコールで結ぶ傾向がある。ただ真実味が増すだけではない。ミシガン大学のヒョンジン・ソンとノルベルト・シュワルツの2009年の研究によれば、人間のリスク評価にも影響がおよぶことがあるという。

二人の実験では、被験者に食品添加物の一覧を読ませた。名称は架空で、発音しにくい

もの（例――Hnegripitrom）と、発音しやすいもの（例――Magnalroxate）が混じっている。次に、その添加物がどれくらい人体に有害だと思うか、7ポイント制で評価するよう求めた。1ならきわめて安全、7ならきわめて有害だ。

結果を見ると、発音しにくい添加物の評価は平均4・12、発音しやすい添加物は3・70だった。言いにくそうな名前であるというだけで、有害という評価が11％も高まっていたことになる。

発音しやすいかどうかでリスクが高いかどうかの認識が変わる、というのが論文の結論だ。この発見はマーケティングにおおいに役立つ。薬について、あるいはなんらかの新商品について、リスクは低いと消費者を安心させたいのであれば、発音しやすい名前を選べばいい。

反対に、安心させるのではなくドキドキハラハラさせるものとして商品を強調したい場合もあるだろう。それなら発音しにくい名前をつけるとうまくいきやすい。食品添加物の実験を、架空のテーマパークのアトラクション名称でやってみたところ、そのことが確認された。発音しにくい名前の乗り物はリスクが高いと認識されたが、同時に、よりワクワクするという印象を与えていた。

5 文字の見た目を工夫する

ソンとシュワルツの研究は、言葉の選び方だけでなく、視覚的効果にも着目している。二人は2008年に、書体の選択が処理流暢性や容易性の認識に影響するかどうかを調べた。20人の被験者に、こんなエクササイズの指示を与えている。

まず顎をぐっと引き、それからできるだけ高く顎をあげてください。これを6回から10回繰り返します。

指示の書き方は二通りあった。片方は読みやすい書体で書かれ（フォントはArial、文字サイズは12ポイント）、もう片方は読みにくい書体で書かれている（Brush、12ポイント）。

読みやすい指示を受け取った被験者グループは、このエクササイズにかかる時間を8・2分と予測した。読みにくい指示を受け取った被験者グループは15・1分だった。ほぼ倍も認識に差があったというわけだ。ソンとシュワルツの論文は、次のように考察している。

Arial　Brush

> 被験者は、エクササイズの指示の読みにくさを、エクササイズのやりにくさを示すヒントだと受け取った（……）人は、簡単そうだ、あるいは難しそうだという自分の気持ちには敏感だが、その印象がどこから生じたものなのかという点には鈍感だ。体験の容易さや困難さを、自分の注意が向いた範囲の中で判断している。

先ほどの例と同じく、この発見も応用しやすい。ある作業を簡単だと思ってほしいなら読みやすい書体で書けばいいし、難しさを強調したいなら読みにくい書体を選べばいいというわけだ。

食事の場面で考えてみよう。ミールキット（必要な食材をセットにした商品）を売るなら、パッケージに読みやすいフォントを使うと、消費者に「これなら手軽に作れそうだ」と思ってもらえる。しかし高級レストランなら話は別だ。凝りに凝った一皿は、手間を惜しまず丁寧に作ったものだと思わせたい。それならメニューは読みにくいフォントで書いたほうが吉と出る。

読みやすさの威力が心理学の比較実験で証明されたのはごく近年だ。しかしキーツをはじめとして、詩人たちはそのことを千年以上前から無意識のうちに知っていたらしい。実際のところ、古代の書き手たちは現代の学者や広告業界に役立つことを数多く教えてくれている。次の章ではホメロスやキケロの時代から使われていた手法に注目したい――具体的な言葉がもつ威力を活用するのだ。どういうことか説明しよう。

第6章 具体性 Concreteness

今日は職場に着いたらすぐに、重役用会議室で見込み顧客との顔合わせがある。会議室にはすでに参加者がそろっているが、上司はスライドの準備にかかりきりだ。準備が整うまでの場つなぎとして、あなたは一人ひとりに挨拶をして回る。快活に握手をして、少し雑談をする。

最後の一人にも自己紹介をした。すると相手の女性は、以前にもお会いしています、と言った。

どうやら、会うのはこれが3度目らしい。

あなたはしどろもどろに謝罪を口にする。

誰かの顔を憶えていなかったとしても、そんなに恥じ入らなくてもいい。誰でもあることだ。人は受け取った情報の大半をたちまち忘れている。

実際のところ、人間がどれほど忘れっぽいかは、おそらく心理学でもっとも早く発見されていることなのだ。1885年の時点でドイツの心理学者ヘルマン・エビングハウスが研究している。エビングハウスは、人が情報を忘れる速さを表す「忘却曲線」という概念を生み出した。だいたいいつでもこの曲線どおりだ。新しい情報を学ぶと、学んだ直後に一気に忘れる。その後は忘れるペースは落ちるものの、時間の経過とともにさらに忘れていく。

100年以上も前に解明されたというのに、同じことは現代でも起きる。2015年、アムステルダム大学のヤープ・ムレがエビングハウスの実験を再現したときも、同様の結果が出た。

エビングハウスは人間の忘れっぽさを説明しただけでなく、克服方法も明らかにしている。なかでも注目すべき点として、定期的な間隔で再確認すれば忘却率がゆるやかになることを発見した。反復が有効というわけだ。マーケティングメッセージを記憶させるためにキャンペーンを繰り返すのはコストがかかってしまうが、行動科学の発見を活用すれば、さほどコストをかけずに記憶に残りやすくすることができる。

反復は有効だがコストがかかる。行動科学の発見を活用すれば、コストをかけずに記憶に残すことができる。

研究について説明する前に、ちょっとしたエクササイズをやってみよう。短いフレーズ（英語では2単語）を並べるので、ゆっくり目を通し、それから見えないように隠してほしい。

四角い扉
ありえない量
さびついたエンジン
マシな口実
紅葉した森
明白な事実
筋肉質な紳士
一般的な運命

白い馬
わかりにくい欠点

読んで、隠したら、今度は思い出せる限り書き出してみる。急がなくてもいい、じっくり時間をとって……。

さて、どの言葉を思い出せただろうか。具体的なフレーズのほうが思い出しやすかったのではないか。「四角い扉」「筋肉質な紳士」のような、物理的な造形を説明した言葉のことだ。それとは反対に、「一般的な運命」「マシな口実」のように抽象的なものを説明したフレーズは、記憶から滑り落ちている可能性が高い。

あなたもそうだったとしたら、それはごくありふれた現象だ。ウェスタンオンタリオ大学の心理学者イアン・ベッグの1972年の研究では、学生25人を集め、2単語のフレーズが20個並んだリストを読ませた（右のページで見てもらった単語も含まれている）。それから暗記テストを実施したところ、やはり結果は歴然としていた。抽象的な言葉は9％しか思い出せない。しかし具体的な言葉は36％思い出していた。4倍も差がつくのだから驚きだ。

興味深い。だが、この発見はコマーシャル制作に応用できるだろうか。第一の懸念点として、被験者が学生25人というのは少なすぎるし、層として偏っているかもしれない。第二に、言葉の選択も参考にならない。「さびついたエンジン」「筋肉質な紳士」のようなフレーズは広告では多用されない（少なくともメッセージの重要部分には出てこない）。

第三の懸念点はタイミングだ。ベッグの実験では、リストを読んだ直後に思い出させていた。それはそれで面白い実験だが、ブランドのメッセージというものは、たいていはもっと長く記憶にとどめてもらう必要がある。

こうした短所を踏まえて、私は２０２１年に広告会社レオ・バーネットのマイク・トレハーンとともに、ベッグの実験にいくつか変更を加えて再現を試みた。まず、被験者を大幅に増やし、４２５人集めた。この被験者に10種類のフレーズを読ませる。フレーズは抽象的なものと具体的なものがあるが、いずれもコマーシャルで使われそうな表現だ。具体的なフレーズとしては、次のような言葉を入れた。

速い車
スキニージーンズ
カシューナッツ
ポケットの中のお金

幸せそうなめんどりたち

抽象的なフレーズとしては、次のような言葉を入れた。

イノベーティブな品質
信頼できる原産地
中心となる目的
身体のための栄養
倫理的なビジョン

タイミングも変更した。直後に思い出させるのではなく、5分間の間隔をあけている。広告を憶えていてもらう時間としては短いが、より現実に近い設定になる。

実験の結果は、ベッグの研究よりも、さらに顕著だった。被験者は具体的なフレーズならば6・7%思い出せていたが、抽象的なフレーズでは0・7%しか思い出せなかったのだ。10倍の差がついている。具体性に関する発見は、ベッグの研究だけに見られた特異な事例ではなかったのだ。

こうした実験を裏付ける現実のエビデンスもある。チップ・ハースとダン・ハースの共著書『アイデアのちから』は、イェール大学の古典学者エリック・ハヴロックによる分析を紹介している。ハヴロックは、「オデュッセイア」や「イリアス」のような古代の口承文学には具体的な言葉が多く、抽象的な言葉が少ないことを発見した。物語が口伝えされるときに、具体的な部分は記憶しやすいが、抽象的な部分は忘れられやすく、しだいに消えていったのだ。

視覚は「もっとも鋭敏」？

コミュニケーション・スタイルの違いで、記憶しやすさが違ってくるのはなぜだろうか。ベッグはその答えとして、具体的なフレーズのほうが視覚的にイメージしやすいからだと述べている。

この考察にも古い根拠がある。古代ローマの哲学者で弁論家のキケロは、紀元前55年に書いたとされる著書『弁論家について』で、こう述べた。

人間の感覚の中でもっとも鋭敏なのは視覚だ。そのため、耳から入る情報は、視覚化されて脳に伝えられたときに、もっとも心に留まりやすい。

キケロはベッグと同じことを言っている。なんらかの発想に触れたとき、それが映像として思い浮かべることが可能なものであったほうが、強く記憶に残るのだ。

これをどう活用すればいいか、さらに考えてみよう。

行動科学を応用するには

1 言葉に注意する

私がマイク・トレハーンと一緒に行った前述の実験では、想起率に10倍近い差が出ていた。バイアスに関する一般的な研究ではせいぜい10%から20%の差が出るだけなので、私たちの実験結果は読むだけで終わりにせず、ぜひ役立ててもらいたい。

幸いなことに活用方法は簡単だ。マーケティングのコピーから可能な限り抽象的な言葉を取り除き、具体的な表現に置き換えればいい。

ピンと来ないようなら、例を挙げよう。アップルがiPodの初期の広告で打ち出したメッセージを思い出してほしい。当時、デバイスの容量では他社のMP3プレイヤーのほうが勝っていたのだが、アップルはiPodの容量を「ポケットに1000曲」と表現した。消費者にとっては、お気に入りの曲をありったけ詰め込んだiPodをジーンズのポケットに入れた様子がリアルに思い浮かぶ表現だ。思い浮かべさせる、視覚化させるという作戦で、メッセージをしっかりと脳裏に刻ませたのである。

具体的な言葉を選ぶアップルの作戦は、実のところ、ブランドのメッセージとしてはめずらしい。不動産サイト「ライトムーブ」の「ハッピーを見つけよう」や、家電メーカーの日立が掲げる「インスパイア・ザ・ネクスト」のように、曖昧な表現を使うことが多い。

だが、忘れやすい抽象的なキャッチコピーが流行っているというのは、むしろラッキーだ。あなたはシンプルで具体的なメッセージを書けばいい。それだけで競合商品との違いが際立ち、人々の記憶に残る可能性が高くなる。

2 商品の使い心地を想像できるようにする

思い浮かべられる言葉を使えば、記憶されやすくなる。とはいえ、購入者予備軍に商品を想像させることのメリットは、それだけではない。

2012年、ブリガム・ヤング大学のライアン・エルダーとミシガン大学のアラドナ・クリシュナの研究がこのテーマを掘り下げ、「知覚的流暢性」という名称で解説している。実験では321人の被験者に、おいしそうなケーキ一切れの写真を見せた。皿の左もしくは右にフォークが1本添えられている。被験者には右利きか左利きか尋ね、ケーキに対する購入意向（買いたい気持ち）はどれくらいか評価させた。

利き手とカトラリーの位置がそろっていると――たとえば自分は右利きで、皿の右にフォークがあるのを見たとき――ケーキに対する被験者の購入意向は35%高かった。論文の結論によると、本人にとって自然と思える形でフォークが並んでいたことで、自分がケーキを食べるイメージが浮かびやすくなり、ケーキを食べる喜びをありありと実感し、買いたいという気持ちも高まったのだ。

つまり商品を売る側は、消費者がそれを使う自分を思い浮かべやすくする工夫を、可能

撮影：トム・ショットン

な限り加えるのがよいだろう。画像や文章に工夫をしてもいいし、拡張現実（ＡＲ）など高度なテクノロジーを活用することも考えられる。

当然ながら、どんな研究でもそうだが、微妙な注意点がある。ライアン・エルダーは２０１１年にスープの広告で似たような実験をした。このときはフォークの位置ではなくスープの魅力に差をつけている。ある皿はおいしそうな味の組み合わせ（アジアーゴチーズにトマトのスープ）を強調し、別の皿はおいしくなさそうな組み合わせ（カッテージチーズにトマトのスープ）を強調した。

スープの味わいを想像しやすくしたことの効果はなかなか面白いものだった（カトラリーはフォークではなく、ケーキのときと同品質のスプーンを添えた）。想像した商品が好ましいときは購入意向が24％上昇するが、好ましくないときは、むしろ26％下落していたのである。

どうやら第3章で取り上げた努力の幻想と同じで、知覚的流暢性の効果は場合によって正反対になるらしい。おいしそうなスープがありありと思い浮かんだときには、いっそう好ましくなるのだが、おいしくなさそうなスープがありありと思い浮かんだときには、反対に好ましさが減退してしまうのだ。

3 キープ・イット・シンプル、スチューピッド（KISS）——できるだけ平易に

もう一つ、具体的な言葉を使うことのメリットとして、そのほうがシンプルになりやすい。そして、言葉がシンプルなのは、伝える側のコミュニケーションがうまいという証拠になるのだ。

プリンストン大学の心理学者ダニエル・オッペンハイマーの論文がこのことを裏付けている。彼の論文タイトルが絶妙に表現していると言ってもいい——「必要性に随従せざる衒学的専門用語の使用が齎《もたら》す結果——意味なく長い言葉を使うことの問題について（Consequences of Erudite Vernacular Utilized Irrespective of Necessity: Problems with Using Long Words Needlessly)」[*]だ。

オッペンハイマーの実験では、被験者にいくつかの文章を読ませた。大学院の入学願書、社会学の論文要旨《アブストラクト》、哲学者デカルトの著作の翻訳などだが、ある被験者は冗長かつ専門用語満載のオリジナル版で読んだ。別の被験者は、難解すぎる言葉を単純な表現に書き換えた編集版を読んだ。

次に被験者は書き手の知性について評価をつける。すると、平易なほうを読んだ被験者は、難解なほうを読んだ被験者よりも、書き手の知性を13％高く評価していた。

この発見は重要だ。多くのマーケティングがこの点で裏目に出ている。言語を専門とするコンサルティング会社リンガブランドの調べでは、イギリス国民の平均読書年齢〔訳注 読む能力を年齢で表現した指標〕は13・5歳だが、ブランドのウェブサイトを読むのに求められる力は読書年齢で17・5歳。リンガブランドのレポートによれば、これはテーマの違いによるものではない。たとえば経済紙『フィナンシャル・タイムズ』のほうがブランドのウェブサイトよりもはるかに複雑な内容を伝えているが、こちらの読書年齢は16歳だ。問題は、長年まかりとおっている誤解にある。難解にしたほうが頭がよさそうに見てもらえる、という思い込みで、商品の説明をわざと難しくしてしまうことが多いのだ。証拠を見る限り、実際の効果はその正反対だというのに。

具体的な言葉が使えないとしても、せめて表現はできるだけ平易なものにしたほうがいい。これについては心強い主導者がいる。ドイツの哲学者アルトゥール・ショーペンハウアーは平易であることの利点を強く主張していた。彼の名言の一つに「一般的ではないことを言うときは、一般的な言葉を使いなさい**」というものがある。

＊学術論文のタイトルはたいていそっけないものだが、オッペンハイマーはそれをわざと活かして巧みなユーモアを発揮した。同じようなセンスを発揮した論文はほかにもある。微生物学の学術誌『カレント・オピニオン・イン・マイクロバイオロジー』に2019年に掲載されたマーレイ・ヴァン・ダイクの論文タイトルは、「ファンタスティック・イースト菌と科学者の旅――二形性真菌病原体の隠れた多様性（Fantastic Yeasts and Where to Find Them: The Hidden Diversity of Dimorphic Fungal Pathogens）」だった。人格心理学・社会心理学の学術誌『ジャーナル・オブ・パーソナリティ・アンド・ソーシャル・サイコロジー』に2011年に掲載されたエリカ・カールソンの論文タイトルは「この論文は自分のことだ、とあなたは思う――ナルシストによる人格および評判の自己認識について（You Probably Think This Paper's about You: Narcissists' Perceptions of Their Personality and Reputation）」。もう一つ挙げよう。依存症に関する学術誌『アメリカン・ジャーナル・オン・アディクション』に2017年に掲載されたヘザー・オクセンティンの論文タイトルは、「医療大麻――キメたっていいんじゃない？（Medical Marijuana: Can't We All Just Get a Bong?）」だった。

4 ストーリーは統計に勝つ

具体性の法則の応用として、統計よりストーリーを優先するのも有効だ。2007年、デボラ・スモールとジョージ・ローウェンスタインとポール・スロヴィックによる研究で、コミュニケーション・スタイルで寄付金額を増やす方法を調べている。三人が特に注目したのは、苦しい状況に置かれた人々について物語形式で語るほうが、同じ悲劇を統計用語で説明したメッセージよりも、寄付への意欲をかきたてるという点だった。

彼らは121人の被験者に5ドルを払って実験に参加させた。被験者には、アフリカの食糧不足に関する説明文を読ませる。ある被験者は、被害を統計値で解説した文章を読んだ（「マラウイでは300万人以上の子どもが食糧不足の影響を受けています……」）。別の被験者は、一人の人物像を描き出すストーリーを読んだ（「あなたが寄付するお金は、アフリカのマリに住む7歳の少女、ロキアのために使われます。ロキアはとても貧しくて、お腹がひどく空いてます。飢えていると言ってもいいくらいです……」）。

最後に、報酬として受け取った5ドルのうち、いくらかを慈善団体「セーブ・ザ・チルドレン」に寄付できると告げる。すると、個人についてのストーリーを読んだ被験者は、平均2・83ドル寄付していた。統計値を読んだ被験者の平均寄付額は1・17ドルだったので、2倍以上だ。実験を主導した三人の心理学者は、この現象に「身元のわかる犠牲者効果」という名前をつけた。

この発見はベッグの研究にもつながっている。統計情報は、聞き手が自分自身に関連づけることが難しいため、心を動かしにくいのだ。300万人の子どもをリアルに想像することはできない。だが、ロキアという少女の話を読めば、即座にイメージが浮かびあがってくる。等身大で描かれた一人の被害者像なら感情移入ができるので、心が動き、多くの寄付をしようという気になる。

スターリンもこのことを心得ていた。彼は、いかにもスターリンらしい残酷さで、「一人の人間が飢えで死んだら悲劇だが、100万人が死んだら、単なる統計だ」と発言し***

**ウィンストン・チャーチル（第一次・第二次世界大戦でイギリス軍を率いた優れた政治家であっただけでなく、著述家としてノーベル文学賞も受賞した）も、同様の発言をしている。チャーチルは「短い言葉が一番よい。短くて古い言葉が何よりもよい」と言った。

***興味深いことに、スターリンとは対極的にかけ離れた存在に思えるマザー・テレサも、似たようなことを言っている。「私が大衆の様子を見て動くことはありません。一人の姿を目にして、私は動くのです」。

たと言われている。

要するにこういうことだ。統計値はなるべく取り除いたほうがいい。人間として関心を抱けるストーリーにするのだ。

5 専門知識に要注意

こうした研究を見ていると、疑問に思わずにはいられない。なぜマーケティングで具体的な言葉をもっと使わないのだろう?

おそらくその答えは、売り込む側が「専門家」であるからだ。商品が車でもチョコレートバーでも、広告を制作するチームは対象について詳細を知り尽くしているし、没頭している。チップ・ハースとダン・ハースが著書『アイデアのちから』で、初心者と専門家の違いをこうまとめている。

初心者と専門家の違いは抽象的に考える能力だ。法の素人が陪審員になると、弁護士の雰囲気、細かい事実、事実、法廷の儀式的な部分に意識が向く。一方、裁判官は過去の訴訟や判例から抽象的な教訓を引き出し、それをもとに判決を下す。

抽象的な理解ができている人は、自分の説明が漠然とした言葉になっていても、そのことに気づきにくい。自分にとってはそれがわかりやすいし、対象がありありと思い浮かぶからだ。だが、その商品についてさほど多くを知らない消費者にとって同じだとは限らない。このことをぜひ頭に入れておいてほしい。

抽象的ではなく具体的な表現で伝えることの副次的効果として、さらにもう一つ付け加えておきたい。より緻密に細部を語れるという点だ。この「緻密さ」にも独自のメリットがある。次の章で説明しよう。

第6と½章 緻密さ、細かさ Precision

少々気まずい顧客会議が終わって、休憩したい気持ちになった。ちょっと息抜きしよう。そういえばオフィスの近所に面白そうな書店があった。チェーン系ではない書店で、前々から覗いてみたかったのだ。

店内に足を踏み入れ、棚に並んだ本の背表紙を眺めていく。すると一冊の本のタイトルが目に飛び込んできた。『10 ½章で書かれた世界の歴史』。

興味をそそられる。なぜ10と½章なんだろう？　10章でもなく、11章でもなく、10と½章とは、どうにも不思議だ。

その数字が目を引いた理由は、異彩を放っているからだ。たいていの本はキリのいい数字を使うので、妙に細かい数字は目立ちやすい。カリフォルニア大学の心理学者マイケル・サントスがこれを裏付けるエビデンスを提示している。

サントスは1994年に、研究者にみすぼらしい服を着せて物乞いのふりをさせるという実験をした。その姿で通行人に小銭をせがむ。ただし、ふつうに頼む場合と、妙な額で頼む場合があった。前者では「25セント硬貨を1枚ください」と言うか、もっと曖昧に「小銭が余っていたらください」と求める。後者では「17セントください」「37セントください」と求める。結果を見ると、妙な額で頼んだときのほうが、通行人がお金を与える確率は60％高かった。キリの悪い妙な数字は予想外の要求なので、意識にとまりやすかったのだ、とサントスは考察している。彼はこの発見に「ピーク効果」と名付けた〔訳注　「ピーク（pique）」は、人の気持ちを乱す、好奇心をそそるという意味。「頂上（peak）」ではない〕。

こうした緻密さの効果は、マーケティングでも利用できる。

たとえばケチャップで有名なブランド、ハインツだ。創業者のヘンリー・J・ハインツは1896年に、ハインツの商品は「57種類」である、というアピールを商品のラベルなどに書き込む方針を決めた。実はその時点で同社の商品はもっと多かったのだが、意に介さなかった。このキリの悪い数字が気に入っていたのだ。

もっと古いブランドでも同様の例がある。プロクター・アンド・ギャンブル（P&G）

の石鹸ブランド、アイボリーだ。この石鹸は1895年から「純度99・44％」と謳っている。

仮に「60種類」や「純度100％の石鹸」と謳っていたら、これらのブランドは大衆の関心を引いただろうか。

キリのいい数字よりも、細かすぎる数字

緻密さのメリットは目立つことだけではない。統計値でも、キリの悪い細かい数字のほうが、信頼できると思われやすい。

これを調べたのがラトガース大学のロバート・シンドラーとワシントン大学のリチャード・ヤルチによる2006年の研究だ。実験では被験者199人に架空の制汗剤の広告を見せ、その広告が謳う主張の正確さと信憑性について評価を求めた。ただし、ある広告の主張は「効果はほかの制汗剤より50％長持ち」だったが、別の広告ではもっと細かい数字を使った。「47％」と「53％」だ。

表示の小さな違いが、正確性と信憑性の認識に大きな影響を与えた。細かい数字で主張

した広告のほうが、キリのいい数字で主張した広告よりも、正確性は10％ほど高く評価されていたのである。信憑性の評価でも、統計的に有意というほどではなかったが、細かい数字のほうがわずかながら高かった。

なぜ細かいことが威力を発揮するのだろう。もっともありそうな説明は「連想」だ。人は長年の経験から、答えに自信があるときは詳細をはっきり言えるものだ、自信がないときは曖昧な推測に逃げるものだ、と結びつけて考えている。

実際問題として、あなたが自分のパートナーの年齢を聞かれたならば、35歳なり、46歳なり、具体的な数字で答えられるだろう。だが、いとこの年齢を聞かれたとしたら？　きっと端数をまるめて30代とか40代などと答えるのではないか。

「細かい部分まで言えるなら正確であるはず」という連想は根強い。そのため主張の正確性を判断するにあたり、人はそれを経験則として応用するのだ。たとえ細かさが正確さとは無関係であっても、それを正確さの判断基準として使用する。シンドラーらの論文では次のように考察している。

たとえば友人が「30分で戻る」ではなく「27分で戻る」と言ったら、どう感じるだろうか。サントス、リーヴ、プラトカニス（1994）は、物乞いが25セント硬貨1枚を求めるよりも17セントや37セントといった金額を求めたほうがお金をもらいやすいことを発見した。サントスらはこの現象を、細かい数字が注意を引くためだと説明したが、新たな研究は別の解釈も示唆している。おそらく37セントを求められた人は、その数字の細かさから、何か具体的なニーズの存在を感じたのだろう。この物乞いは自宅に帰るためのバス代が少し足りないだけなのではないか、といった想像をするのだ。反対に、端数をまるめたキリのいい金額を求められた場合は、そこに具体的なニーズはなく、物乞いはただお金が欲しいだけだと想像をしたのかもしれない。

「緻密イコール正確」という連想は根強い。そのため主張の正確性を判断するにあたり、人はそれを経験則として応用する。

緻密さのメリットがわかったところで、それを応用して広告効果を伸ばす方法を考えてみよう。

行動科学を応用するには

1 緻密さのパワーを利用する

細かさの発見に注目したい理由は、ほとんどのマーケティングがこの正反対の状態になっているからだ。マーケティングでは、わかりやすくしようと、統計値をまるめることが多い。たとえば有名な保険ブランドが、「100万人以上のお客様」が契約していると主張する。あるいはマーケティングについて教える書籍が、消費活動に影響を与える行動バイアスを25種類解説している、と謳う。

だが、シンドラーらの研究を見る限り、どうやら両方とも失敗らしい。保険ブランドは、「115万人以上のお客様」など、細かい数字で主張したほうがいい。マーケティング本の著者も、次作は25種類ではなく、16と½個の行動バイアスを解説すると謳ったほうがいい。

前章でも述べたが、これもチャンスだ。ほかのマーケティングが数字をまるめてばかりなのだから、あなたはキリのよくない数字を使うことで、より正確だと伝えて信頼性を高めることができる。

2 細かい価格設定で価値を伝える

細かい数字は信頼性を伝えるだけでなく、値段がお得だというシグナルを送る力もある。フロリダ大学の心理学者クリス・ヤニシェフスキとダン・ウイは2008年に、学術誌『サイコロジカル・サイエンス』で、価格設定に関する単純な実験を発表している。被験者にはまず、チーズ、海辺の家、フィギュア（人形）、ペットロック〔訳注　石ころを生き物に見立てた玩具〕、プラズマテレビといったさまざまな品物の希望小売価格を教えた。次に、同じ商品の原価を推測させた。ただし、一部の被験者には希望小売価格をキリよくまるめた数字で教え、別の被験者にはキリの悪い細かい数字で教えておいた。

たとえば被験者を3つのグループに分け、第1グループにチーズの希望小売価格を5ドルだと告げる。第2グループには4・85ドル、第3グループには5・15ドルと告げた。すると第1グループは原価を3・75ドルと予想し、第2グループは4・17ドル、第3グループは4・41ドルと予想した。

同じパターンはすべての商品で見られた。希望小売価格がキリのいい数字であった場合、数字のキリがよくなるまで大きく利益を乗せたに違いない、と被験者は想定していたのである。

この実験を行った心理学者二人の仮説によると、希望小売価格は原価に利益を乗せたものだと知っている消費者は、キリのいい数字の価格と細かい数字の違いを、上乗せをふくらませたかどうかの差だと認識する。たとえば腕時計が10ポンドだとしたら、上乗せ幅を大きく想定する。原価9ポンドのモノを10ポンドで売っているのだろう、と考えるのだ。ところがキリの悪い細かい価格設定を目にすると、想定する上乗せ幅は小さくなる。トースターが1台10・25ポンドなら、原価は10・15ポンドか、あるいは10・05ポンドくらいではないか、と考えるのだ。

ヤニシェフスキらは、この発見を研究室の外でも確認している。フロリダ州アラチュア郡で売りに出ていた住宅2万5564軒の取引を調べたところ、希望売却額をキリのいい数字ではなく細かい数字で設定したほうが――80万ドルではなく79万9499ドルというように――希望価格に近い金額で売却できていたことがわかった。

細かさが消費者の価格知覚にどれほど影響を与えるかという点は、多くのマーケターが関心をもつに違いない。どんなブランドでも、自社商品には優れた価値やお得感があると見せたいものだからだ。そのための価格設定作戦として、心理学者はほかにもさまざまなテクニックを発見している。

たとえば、割引よりも中身を増やすことが威力を発揮する場合がある。このことを説明する章として、このあとにボーナスチャプターを増やしてみた。

ボーナスチャプター――ベースバリュー・ネグレクト効果

Base Value Neglect

次はビジネス書のコーナーで背表紙を眺めてみる。地味な本が多い中で、黄色と黒の一冊が目を引いた。

紹介文を読む限りでは、どうやら面白そうだ。裏表紙にもいくつか推薦の言葉が載っている。しかも表紙に書いてある説明によれば、この本は既刊本の改訂版で、新たにボーナスチャプターが収録され、値段で言えば4％分の無料増量なのだという。

お買い得品を見つけて嬉しくなり、あなたはその本をレジに持っていく。

このシナリオであなたの注意を引いたのはボーナスコンテンツだった。無料で中身を増やすという作戦だ。ただし、一般的なマーケティングでは、中身を増やすよりも多少の割引を提示することのほうが多い。

マーケティングでは増量よりも割引を提示することのほうが多いが……。

割引だけではチャンスを逃しているのではないか？　このボーナスチャプターで、ぜひそこのところを掘り下げてみたい。

これについてもっとも権威ある研究を行ったのは、ミネソタ大学のアクシャイ・ラオとテキサスA&M大学のハイペン・チェンだ。二人は2012年に、地元店舗におけるハンドクリームの売れ行きについて、宣伝活動の違いがどう影響するか調査した。最初の1週間は、定価の35％割引でハンドクリームを売った。2週目は同じ商品を定価で売り、「50％増量のボーナスパック」と宣伝した。そして16週間にわたり、宣伝方法を交互に入れ換えて反応を調べた。

二つの宣伝は経済的な意味ではほぼ同じだ。厳密に言えば割引のほうがわずかにお得なので、こちらのほうが喜ばれるのではないかと思えるのだが、実際にはそうはならなかった。

むしろ、割引を謳っていた期間に売れた数が15個だったのに対し、ボーナスパックとして宣伝している期間に売れた数は27個。80％も多く売れたのだ。実験規模は小さいのだが、差の大きさという点で統計的に有意な発見と言える。

なぜボーナスパックのほうが有効だったのだろうか。実験を行った研究者らは次のように考察している。

消費者が経済的には同等の割引よりもボーナスパックのほうを好んだ理由は、パーセンテージに伴うベースバリュー・ネグレクト効果によって体系的な影響を受けるためだ。

ベースバリュー・ネグレクト効果とは、前面に出てくるパーセンテージ（35％や50％など）に気を取られ、もともといくらに対するどんな割引なのかという重要な点を無視してしまうことを言う。この場合、「50」という数字のほうが「35」より大きいので、こちらのほうが好ましく思えたというわけだ。

行動科学を応用するには

1 割引よりも増量を強調して、効果を調べてみる

マーケティングでは、中身を足すより値段を引くことで消費者の気を引こうとすることが多いが、前述したラオとチェンの研究を見る限り、それは間違いであるようだ。実験では、中身の多いボーナスパックとして宣伝したほうが効果的だった。

この実験自体は小規模なので、気になるなら自社商品で試してみるといいだろう。

2 価格設定よりもベースバリュー・ネグレクト効果を利用する

ラオらの論文では、ベースバリュー・ネグレクト効果は商品だけでなくサービスにも当

てはまると主張している。例として挙げているのはユナイテッド航空だ。サンフランシスコからシドニーまでの飛行時間は15時間なのだが、この便がさらに便利になったと宣伝するなら、飛行時間が20%短縮したと強調するよりも、時速が25%上がったと強調するほうが、好ましく受け止められるのだという。

自動車メーカーならば、燃費効率の向上を伝えるにあたり、ガソリン消費量が33%減ると謳うよりも、それと同等の内容として、1ガロンあたりの走行距離が50%延びると謳ったほうがいい。

さて、ベースバリュー・ネグレクト効果は脱線だった。この本の本筋に戻り、価格設定に関するバイアスの話を続けよう。次は「極端回避」というバイアスの話だ。

第7章 極端回避
Extremeness Aversion

書店からオフィスに戻ったあなたは、午前中のメインと言うべき業務のことを考えた。上司のソフィアに企画のプレゼンをしなければならない。スライド資料に使えそうな画像をネット検索していると、国際的な慈善団体のバナー広告に目がとまった。戦争で苦しい生活を強いられている子どもを支援する団体で、寄付を募っている。あなたも寄付をすることにした。

バナー広告をクリックすると、そのまま寄付ページに飛ぶ。デフォルトでは毎月定額を寄付する選択になっている。金額は3種類。毎月27ポンドか、18ポンドか、7ポンドか。

少しためらって、真ん中の選択肢を選んだ。

真ん中を選んだあなたは、実のところ、ごく平凡な行動をした。金額を3つ提示されたら真ん中を選びやすいというのは、行動科学では有名な発見なのだ。[*] 正解がない状況において、一番安い選択肢はきっと品質が悪いのだろうと考え、それを選んだらお金をケチったと思われるんじゃないか、と想像する。一方で、一番高い選択肢はふっかけているのだろうと考え、それを選んだら見栄を張ったと思われるんじゃないか、と想像する。「極端回避」と言われる発想だ。

このバイアスの威力は絶大だ。ぜひマーケティングで試してみてほしい。ノースウェスタン大学のウルフ・ボッケンホルトが2015年に先行研究142件のメタ分析を行い、エビデンスを確認している。

＊私の前著『買わせる心理技術』でも手短に考察したが、細部までは説明できなかった。非常に使えるバイアスなので、本書でももう一度触れておく。

B2BでもB2Cでも

学術研究は消費者を対象として調べる場合が多いのだが、この極端回避というバイアスは、企業間取引でも利用できる。私は2018年に広告会社マーケティング・プラクティスとともに、さまざまな企業の意思決定者213人を対象として、バイアスの影響を調べる実験をした。

その一つとして注目したのが極端回避だ。被験者にはこんな課題を出した。

あなたの会社が清掃サービスの起用を検討していると想像してください。清掃頻度に応じていくつか選択肢があります。どれを選びますか。

そして半分の被験者には、こんな3つの選択肢を示した。

1　週1回（一日4時間）――年間1872ポンド（税別）
2　週3回（一日4時間）――年間5616ポンド（税別）

3　週5日（一日4時間）――年間9360ポンド（税別）

このシナリオを示すと、「週5日」が選ばれる割合は18％だった。

残りの半分の被験者には、選択肢を少し変えて示した。

1　週3回（一日4時間）――年間5616ポンド（税別）
2　週5日（一日4時間）――年間9360ポンド（税別）
3　週5日（一日7時間）――年間1万6384ポンド（税別）

こちらのシナリオの場合では、「週5日（一日4時間）」が選ばれる割合が、倍の37％になっていた。オファーの内容は変わっていないにもかかわらず、前後の選択肢との比較によって、魅力が変化したというわけだ。

このバイアスをマーケティングに応用する方法をいくつか考えてみたい。

行動科学を応用するには

1 超高級価格の選択肢を作る

これは簡単だ。たとえば商品にベーシックな値段のものと、利益率の高い高額なものがあるのだとすれば、そこにもう一つ、超高額な商品を足すことで、高額な商品の売れ行きを伸ばすことができる。

具体例を紹介しよう。隣のページに掲載した、P&Gの洗濯洗剤「タイド」のウェブサイト画像を見てほしい。中小企業向けの定期購入プランのうち、「キャッシュバック」と書いてある一番右の選択肢には、これ自体の売上とは別の役割がある。この高額な選択肢と比べるおかげで、ユーザーは左側の「無料」ではなく、有料となる真ん中の「プラス」を選びやすいのだ。

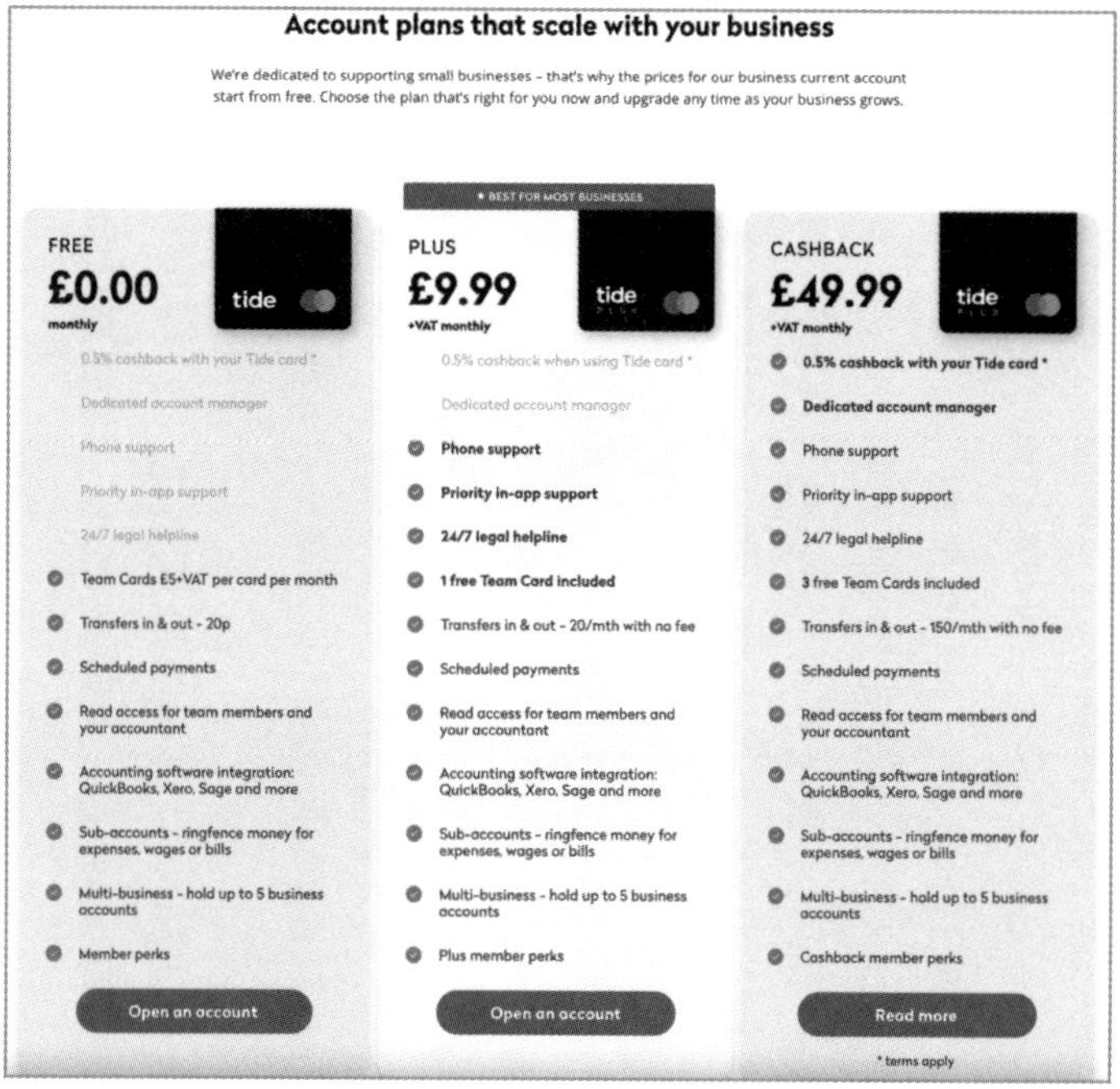

洗剤「タイド」の中小企業向け定期購入プランは、「極端回避」バイアスを応用している。

2

商品が実用的、もしくはターゲット層の年齢が高いときに、極端回避バイアスを活用する

ボッケンホルトのメタ分析では、極端回避は幅広く当てはまるバイアスではあるものの、インパクトの大きさには差があることが明らかになった。

たとえば商品タイプによる違いだ。分析では、電子レンジや洗剤のような実用品と、チョコレートやブランドの腕時計のような嗜好品を区別して、このバイアスの影響を調べた。すると、対象が実用品の場合、高額な支払いという苦痛を避けることが重要となり、中間の選択肢を選ぶ傾向があった。一方で嗜好品の場合は喜びを求めることが重視され、中間を選ぶ傾向は比較的低かった。

年齢によっても違いが出る。年齢が高いほど、極端回避バイアスが強くなるのだ。UCLAアンダーソン経営大学院のエイミー・ドロレとシカゴ大学のリード・ハスティが2015年に、成人被験者282人にいくつかの選択をさせる実験をしている（論文は未発表）[*]。バスケの試合観戦チケット、アイスクリーム、双眼鏡など、ジャンルはさまざまだが、年齢層の高い被験者ほど、同商品の選択肢の中で真ん中を選びやすいことが確認さ

れた。若い層では41%だが、年配の被験者は61%がそうしていた。扱っているのが実用品なら、もしくは年齢層の高い消費者をターゲットとしているなら、極端回避バイアスを作戦の一部に取り入れよう。

3 順序効果

マーケティングで極端回避バイアスを使うのはめずらしくないが、利用方法はさらに工夫できそうだ。たとえば、「順序効果」と呼ばれるバイアスを組み合わせると、最大限のポテンシャル発揮が期待できる。

極端回避バイアスは、順序効果バイアスと組み合わせると、最大限のポテンシャル発揮が期待できる。

---

*この研究は、スタンフォード大学のイタマール・シモンソンらによる2017年の論文(6ページ)で紹介されている。https://tinyurl.com/h279yyxz

これをきわめてわかりやすく説明した実験がある。2012年、コロラド大学のドナルド・リヒテンシュタインの研究チームが、アメリカのバーで8週間にわたって実施した実験だ。

酒を飲みに来店した客たちに、13種類のビールを掲載したメニューを渡す。ただし、あるときはメニューリストの一番トップが一番安い4ドルのビールで、そのあとも安い順に商品を並べた。別のときには、同じ内容ではあるものの、高い順にビールを並べた。すると、安い順のメニューを配ったときの平均支払額は5・78ドルだったが、高い順のメニューを配ったときの平均支払額はそれよりも24セント多く、6・02ドルだった。4％の上昇だ。これは統計的に有意な差であると言える。

なぜこうした結果になるのだろうか。研究チームの主張によると、人はメニューリストを上から下へ読む傾向があり、自分にとって合理的な金額を判断するにあたり、最初に目に入った金額から過大な影響を受けるのだという。最初に高額なビールを目にしていると、そのあとで見た中価格帯のビールがお得に感じられる。ところが最初に安いビールを目にしていると、中価格帯のビールは贅沢すぎると思えてくる。

研究チームはビール以外の分野でも同じ実験で結果を確かめている。たとえば219人の被験者にペンの価格一覧を見せて、購入したいペンを選ばせる。一番安くて15セント、一番高くて90セントだ。高い順で並んでいたときの平均購入価格は63セント、安い順だったときは53セントだった。19％の差だ。

この発見もマーケティングに活用できる。先ほど紹介した洗剤「タイド」の定期購入プランを思い出してほしい。順序効果バイアスを踏まえるならば、3種類のプランの並べ方は逆にするのが理想的だ。人は左から右へと読み進めるので、一番高いプランを一番左にするのがいいだろう。*

4 おとり効果

極端回避バイアスのほかにも、価格の相対的価値を活用する方法がある。別の戦略とし

＊順序の重要性は別の実験でも確認されている。シカゴ大学のリード・ハスティの研究によると、あらゆる条件が同等ならば、人はリストの一番最初の項目を好みやすいのだという。２００９年の実験で、被験者２１４人に、２種類から5種類のワインを試飲させた。実はすべて同じワインなのだが、被験者にはそれぞれ違うワインだと告げてある。試飲を終えた被験者に一番気に入ったワインを尋ねると、最初のワインがお気に入りとして選ばれるのだった。つまり、買わせたいものがあるなら、それが真っ先に目に入るようにすべきというわけだ。

て紹介したいのが「おとり効果」[*]だ。
このバイアスを最初に調べたのは、1982年、デューク大学の心理学者ジョエル・フーバー、ジョン・ペイン、クリストファー・プトーである。被験者153人にビールを選ばせるという実験で、最初のグループには2種類の選択肢を示した。

ビールA――値段1・80ドル、品質評価50／100
ビールB――値段2・60ドル、品質評価70／100

このシナリオではどちらが良いか断言できない。ビールAのほうが安いけれど、ビールBのほうが品質がよい。客観的に見て歴然と優れた選択肢が存在しないのだ。そのため選択はおおむね均等に割れた。被験者の43％がビールAを選び、57％がBを選んだ。
2番目のグループには、次のような3つの選択肢を示した。

ビールA――値段1・80ドル、品質評価50／100
ビールB――値段2・60ドル、品質評価70／100
ビールC――値段1・80ドル、品質評価40／100

今回のシナリオに登場するビールCは「おとり」だ。ビールAに近いが、値段は同じなのに品質が劣るので、明らかにビールAより魅力が薄い。心理学の用語で言うと、ビールAがCに対して「優勢（支配的）」だ。この場合は、被験者の63％がビールAを選んだ。先ほどのシナリオと比べれば、ビールAを選ぶ被験者が47％増えたことになる。よく言われることだが、人間は複雑な判断を正確に下すことよりも、単純な判断を迅速に下せる——たとえそれが最適な答えではなかったとしても——ことを好むのだ。ビールAとビールCという比較は単純でわかりやすい。こちらに注意が向くせいで、ビールBとのわかりにくい比較が無視されたのである。

このバイアスも応用しやすい。もう一度、洗剤「タイド」を例に考えてみよう。定期購入プランの中で一番高い49・99ポンドの選択肢を選ばせるためには、値段は同じで特典の少ない選択肢を別にもう一つ作るという手が有効というわけだ。

大手ブランドだけではない。オグルヴィUKのローリー・サザーランドは、不動産仲介

＊「おとり効果（decoy effect）」は、「非対称優勢効果、非対称支配効果（asymmetric dominance effect）」とも呼ばれる。

業者でも応用できると説明している。

不動産仲介業者は、売りたい物件を客に選ばせやすくするために、おとりの物件を見せることがある。たいていは、最初に明らかに不向きな物件を見せ、それから新たに2軒の物件を見せるというやり方をとる。あとの2軒の家は、片方がもう片方よりも歴然と価値が高い。業者はこの家を買わせたいと考えている。それがとてもいい物件だと思わせるために、わざと先に別の物件を見せるというわけだ。

ただし、極端回避バイアスと同じく、この影響力にも差はある。要因の一つは年齢だ。トロント大学のキム・スンハンとリン・ハシャーは２００５年に、大学生６８９人（年齢は17歳から27歳まで）と、年配の被験者３８４人（60歳から79歳まで）を対象に実験をした。すると若年層のほうで、より強くおとり効果が発揮されることが確認された。年齢を重ねれば、選択を迫られている分野についての知識や経験も増すので、バイアスの影響を受けにくいのだという。

おとり効果も極端回避も、有名なバイアスだ。価格設定に関する研究はまだまだほかにもある。「分母無視（デノミネーター・ネグレクト）」という言葉を聞いたことはあるだろうか？　もしないなら、次の章の内容に興味をもってもらえるに違いない。

第8章 分母無視 Denominator Neglect

なんだか今日は空回りばかりしている気がする。濃いめのコーヒーでも飲もうと給湯室に入ると、同僚のアナと鉢合わせした。彼女は社内チャリティ活動を担当していて、今は賞品のあたるくじを売っているという。

選択肢は二つ。チーム枠のくじか、会社全体のくじか。くじの値段は同じ、賞品も同じで、当たれば有給休暇が一日もらえる。チーム枠ならチームで1人が当せんする。会社枠ならば全社員の中で9人が当せんする。あなたのチームは10人、会社の社員数は100人だ。

両方買おうと思ったが、給料日までしばらくあることを考えると、くじ1枚で5ポンドはちょっと痛い。片方を選んだほうがよさそうだ。

どっちにしよう？　あなたは数秒ほど考え込んで、会社枠を選んだ。9人に当たるなら、そのうちの1人になれるかもしれない。しわくちゃの5ポンド紙幣をアナに渡し、自分のデスクに戻る――有休をもらえたら何をしよう、と頭の中に夢が広がる。

あなたの選択は正しかっただろうか。冷静に確率を判断すると、どうもそうではないらしい。この2種類の特典の確率をよく考えてみよう。チーム枠なら当たる確率は10％。会社全体なら9％だ。

この類の失敗はめずらしくない。行動経済学者のダニエル・カーネマンが「分母の無視、分母無視（デノミネーター・ネグレクト）」という名前をつけて、著書『ファスト＆スロー』で紹介している。強調された数字、今の例で言うなら当せん者が1人または9人という数字で頭がいっぱいになり、その数字が何を表しているか、つまり当せん確率が10％なのか9％なのかという点をよく考えないのだ。カーネマンが最初に紹介してから、同じ現象を調べる研究は数多く発表された。たとえば心理学者デイヴィッド・ブルダンの論文ではこう説明している。

成功確率が高い選択肢よりも、成功回数の絶対値が大きい選択肢のほうを選ぶバイアスがあると思われる。

わかったようなわからないような……と戸惑う読者のために、別の研究を例に整理して説明しよう。

人は強調された数字で頭がいっぱいになり、その数字が何を表しているかという点をよく考えない。

1994年、マサチューセッツ大学の心理学者ヴェロニカ・デネス＝ラジとシーモア・エプスタインの実験で、被験者に2種類の器を見せた。赤のゼリービーンと白のゼリービーンが混ざって入っている。被験者はどちらかの器からゼリービーンを拾い出す。つかんだのが赤だったら1ドルの賞金をもらえる。

1番目の小さい器に入っているゼリービーンは10粒。そのうち1粒が赤いゼリービーンだ。2番目の大きい器には100粒入っていて、そのうち8粒が赤だ。

確率を考えれば小さな器から拾うほうが成功しやすい。にもかかわらず、被験者の半分が不利な選択肢をわざわざ選んだ。

心理学者二人は同じ実験を7回繰り返した。大きい器に入れるゼリービーンの色の内訳はそのつど変えたが、肝心の赤いゼリービーンは100粒の中に必ず5つから9つは混ざっている。小さい器の内訳はずっと同じ。つまり成功の確率としてはつねに大きな器が不利だ。

結果を見ると、被験者の82%が少なくとも一度は大きな器からゼリービーンをつかんでいた。当たる確率が高いほうではなく、当たりの数の絶対値が大きいほうを選んでいたのだ。

二人の論文ではこう解説している。

確率は不利だとわかっていたが、赤いゼリービーンの数が多いほうがチャンスがあるという気がした、と被験者らは報告していた。

赤を引き当てる確率がわかる数字（ここではすべてのゼリービーンの数、つまり「分母」）を無視して、重要に見える数字（ここでは赤いゼリービーンの数、つまり「分子」）のほうに気を取られているのだ。同じ傾向は実験全体を通して確認されたという。

この分母無視という現象はマーケティングに利用できる。具体的に説明しよう。

行動科学を応用するには

1　「100の法則」を検討する

ゼリービーンの実験はマーケティングのテクニックとはかけ離れた話題に思えるかもしれないが、そうでもない。たとえば割引を伝える際にも役に立つ。メキシコのモンテレイ工科大学EGADEビジネススクールのエヴァ・ゴンザレスの実験が証明している。ゴンザレスは2016年に被験者75人を集め、通常は48ペソの値がついている風船詰め合わせパックの割引情報を見せた。12ペソ割引と示した場合と、25%割引と示した場合があった。

数字に強い読者ならおわかりのように、この割引は同じだ。ところが被験者の反応は違っていた。パーセンテージで割引を見た被験者のほうが、その取引の価値を高く評価したのだ。彼らのスコアは3・73。一方、絶対額で割引を見た被験者は3・46と評価した。約7%下がっている。

ゴンザレスはさらに実験の続きとして、別の被験者グループに、通常は480ペソの値がつくジャケットを見せた。そして半分の被験者には120ペソ割引、残りの半分の被験者には25％割引だと教えた。これも引かれる額は同じだ。

すると今回は絶対額を見た被験者のほうが、その取引の価値を高く評価した。スコアは4・16だ。パーセンテージで見た被験者の評価は3・7だった。統計的に有意な11％ほどの差が出ている。

論文によれば、この被験者たちは数字の意味に注意せず、ただただ目立つ数字ばかりに気を取られていた。12と25なら25のほうが大きいので、25％割引のほうが12ペソ割引よりもお得に感じる。ゼリービーンの実験と同じで、分母を無視したというわけだ。

ペンシルヴェニア大学ウォートン校の教授ジョーナ・バーガーが、これを「100の法則」と呼んで解説している。

100ドルより安ければ、パーセンテージによる割引のほうが絶対額の割引よりも大きく見える。100ドルより高いなら逆で、絶対額の割引のほうがパーセンテージよりも大きく見える。これが100の法則だ。

マーケティングで売り込みたい商品の値段が100ポンド（あるいは100ドルでも、100円でも）以下なら、割引はパーセンテージで伝えたほうがいい。100ポンドよりも高い価格設定をしているなら、割引は絶対額で伝えるといいだろう。

2 割引をいくつか積み重ねて提示できないか検討する

分母無視のバイアスはほかのやり方でも利用できる。たとえば、割引を分けるというアプローチだ。これは「割引の積み重ね（ディスカウント・スタッキング）」と呼ばれている。今回もまず研究者による実験の話を紹介しよう。ミネソタ大学のアクシャイ・ラオおよびテキサスA&M大学のハイペン・チェンが2007年に、ある店舗の協力を得て、商品（まな板）について数回にわたり割引を実施した。あるときはストレートに40%オフとしたが、別のときは値引きを2段階に分けた。最初に20%オフと提示し、さらにそこから25%オフと提示したのである。

この2種類のオファーは経済的には同等だ。* 買い物客が「血も涙もない計算機**」ならば、どちらの魅力も同じに見えるし、売上もだいたい同じくらいになるだろう。ところがそうはならなかった。1カ月にわたる実験期間中、割引を2段階で示していた時期のほうが、売上が歴然と多かったのだ。

数学的な最適さから逸脱した行動が生じる理由は、分母無視の法則で説明がつく。数字が示す値を計算せずに、見た目の数字で解釈してしまうのだ。20%と25%を足して、45%だと受け止め、40%オフよりも得だと理解する。瞬間的な結論に飛びつくので、二つめの割引が掛かるベースの金額が最初より小さくなっていること、すなわちお得さの度合いは減っている点に気づかない。

売り込む側にとって意味するところは単純だ。シンプルな1回限りの割引をするよりも、2段階で提示したほうがうまくいく。本当にそうなるかどうか試してみてほしい。

＊私自身はめちゃめちゃ数字に強いというわけではないので、この二つが同等だというのが最初は呑み込めず、何度も計算して見直す必要があった。ピンと来ない読者は、実際に電卓を使って確かめてみてほしい。

＊＊「血も涙もない計算機（desiccated calculating machines）」は、20世紀のイギリスの政治家で労働党から保健大臣となったアナイリン・ベヴァンが、労働党党首ヒュー・ゲイツケルを評した言葉だと言われる。

3 割引の積み重ねは昇順で

割引の積み重ね方式を利用するなら、一つ憶えておいてほしいことがある。上海財経大学のハン・ゴンによる2019年の研究で、効果には差があることが明らかになった。実験では被験者に2種類の広告のうちどちらかを見せる。どちらも100ドルのセーターの広告で、両方とも割引を積み重ねて表示しているのだが、見せる順番が違っている。

1枚目の広告では、セーターが定価から10%オフで、その額からさらに40%オフと謳っていた。2枚目の広告は反対だ。定価から40%オフで、そこからさらに10%オフとなっている。

結果を見ると、割引の数字を昇順（最初に10%、次に40%）で提示したほうが、降順の場合と比べて、被験者の購入意向は15%高かった。ゴンは論文で次のように説明している。

消費者は一つの割引を評価基準として理解し、次に、その評価基準に照らして新たな割引を比較する。

要するに、最初の数字が「これがリーズナブルな割引」という基準になるのだ。先に大きく割り引かれているのを見ると、次に小さな割引を見たとき、ケチくさく思えてしまう。反対に、先に小さな割引を見ていると、次に大きな割引を見て、なんて太っ腹なんだと思えてくる。

4 割引は、元値との比較で示す

マーケティングへの応用方法をもう一つ紹介したい。2016年、サウスカロライナ大学のアビジット・グハが、スウェーデンにある食料品店4店舗で、一般的な家庭用品や食品（シャンプー、紙ナプキン、コーヒー、生クリーム）を対象とした調査をしている。

注目したのはセールスメッセージの違いだ。いずれの場合もポスターに元値と売値を両方とも掲示した。ただし、半分のポスターでは割引後の値段を強調し（例「定価より31％安くなっています！」）、残りの半分のポスターでは元の値段が高かったことを強調した（例「定価なら44％割高に！」）。

結果を見ると、「今は安い」よりも「前は高かった」と謳ったときのほうが、4種類の商品の売上は倍も多かったことがわかった。

これはぜひ試してみてほしい。割引表現を入れ替えるだけなのだから、コストもかからない。ほかの商品分野でも効果があるかどうか確かめてみよう。

さらに広い視野で応用する

ここまでに紹介した研究は、分母無視の法則をほぼ文字どおり《リテラリー》に当てはめて考察している。人がさまざまな場面で、数字の意味ではなく数字そのものに反応してしまうことは、否定できないようだ。

ただし、その根底には、もっと広い視野《ラテラリー》で着目したい重要な特徴がある。これらの研究で繰り返し浮き彫りになっているとおり、人は「それはどの程度の割引なのか」ではなく、「その割引がどの程度に感じられるか」という点に反応しやすいのだ。この法則は、いっそう幅広い場面に応用していくことができる。

5 フォントサイズを調整して「絶対値表現の一致」を活用する

クラーク大学のキース・コールターとコネチカット大学のロビン・コールターによる2005年の研究は、二人が「絶対値表現の一致」と呼ぶバイアスを調べている。大きいフォントで書かれた値段のほうが、小さいフォントで書かれた値段よりも、割高であると感じられるバイアスだ。フォントサイズと実際のコストを一緒に解釈してしまうのだという。

二人はこの仮説を確かめるにあたり、被験者65人を集め、何枚かの広告が載った冊子を渡した。そこに登場する商品の一つが、割引価格になったローラースケートだ。対照群の被験者に見せた広告では、安くなったセール価格のほうが、定価よりも大きなフォントで書いてあった。

定価――239・99ドル　**セール価格――199・99ドル**

実験群の被験者には、定価のほうを大きく示してあった。

定価——２３９・99ドル　セール価格——１９９・99ドル

セール価格を大きなフォントで書いた広告に対し、被験者が示した購入意向は、７ポイント評価で３・63だった。ところが、定価のほうを大きなフォントで書いた広告では、購入意向は25％増の４・54だった。

定価のフォントサイズを大きくすることで、定価がいっそう大きく、つまり割高だったと感じられ、セール価格に対する消費者の知覚価値が高まるということらしい。

興味深い研究だが、サンプルサイズが気になる読者もいることだろう。何しろ、たった65人の被験者で調べた研究だ。扱う商品分野が違っても同じ結果が出るかどうかもわからない。マーケティングに採用する前に、まず自社商品の分野で実験して調べたいと思うなら、先に次の章を読んでほしい。実験をする際のアドバイスを少しばかり伝授したい。

第9章

実験の必要性

The Need to Experiment

オフィスの正面入り口のところで物音がした。見てみると、ドアマットに郵便物やちらしの束が落ちている。ほとんどが白や茶色の封筒だが、赤い封筒が混ざっていて、あなたはその一通をしげしげと眺める。

教会から寄付のお願いだ。1週間後にこの封筒を回収に来るので寄付のお金を入れてほしい、と書いてある。

ポケットを探って、よれよれの5ポンド紙幣を1枚引っ張り出し、封筒に入れた。

あなたはどうして寄付をする気になったのだろうか。書かれていた文章、載っていた写真に心が動いたのか。それとも、言語化できない要因がほかにあったのか。次に紹介する

応用するバイアス	戦略
対照群	シンプルな寄付のお願い
努力の幻想（労力がかかっていることをアピールする）	「あなたの地域のボランティアが直接お届けし、直接回収にうかがいます」
希少性（限定であることを強調する）	「寄付金回収は今週だけ！」
認知容易性（わかりやすくする）	「寄付金回収の封筒です」
アフォーダンス・キュー（用途を察しやすくする）	縦型封筒を使い、この封筒がお金を回収するための袋であることがすぐにわかるようにする
顕著性（目立つ特徴を加える）	税制度でのメリットを強調する。「ギフトエイドを選択すれば、あなたの寄付がそのまま25％増額となって届きます！」
コストリー・シグナリング（コストがかかっていることをほのめかす）	分厚い紙を使うことで、封筒の知覚価値を高める

実験がヒントになるかもしれない。

非営利団体「クリスチャン・エイド」の活動では、毎年5月にボランティアがイギリス各地の世帯を訪問し、寄付を呼びかける封筒型のちらしを配る。その数およそ700万通。後日もう一度訪問して、寄付金の入った封筒を回収する。

2018年、同団体は寄付金増額の試みとして、行動科学を活用することにした。広告会社オグルヴィの一部門オグルヴィ・コンサルティングの協力のもと、120万通の手紙で7種類のメッセージを試している。内容を表（右）に整理した。

ためしにあなたも、この中から寄付

応用するバイアス	戦略	平均寄付額
対照群	シンプルな寄付のお願い	0.34ポンド
努力の幻想（労力がかかっていることをアピールする）	「あなたの地域のボランティアが直接お届けし、直接回収にうかがいます」	0.39ポンド
希少性（限定であることを強調する）	「寄付金回収は今週だけ！」	0.28ポンド
認知容易性（わかりやすくする）	「寄付金回収の封筒です」	0.38ポンド
アフォーダンス・キュー（用途を察しやすくする）	縦型封筒を使い、この封筒がお金を回収するための袋であることがすぐにわかるようにする	0.40ポンド
顕著性（目立つ特徴を加える）	税制度でのメリットを強調する。「ギフトエイドを選択すれば、あなたの寄付がそのまま25％増額となって届きます！」	0.18ポンド
コストリー・シグナリング（コストがかかっていることをほのめかす）	分厚い紙を使うことで、封筒の知覚価値を高める	0.39ポンド

金総額を増やす効果が低いと思うものを二つ選んでほしい。

では結果を表（左）で見てみよう。どうだろう。もしあなたが結果を正確に予想できていたのだとしたら、この章は読む必要はないかもしれないが、*そうでない読者のために説明させてほしい。

7種類のメッセージの中で効果が低かったのは、顕著性のバイアスを煽ることを意図したメッセージと、希少性のバイアスを煽ることを意図したメッセージだ。この二つは寄付金を増やすどころか、比較用の対象群メッセージと比べて、むしろ総額が少なかった。** オグルヴィのチームが示した仮説によると、期間が限定的であることを強調して焦らせようとしたメッセージは「寄付ができない言い訳を与えた」。また、ギフトエイドという特別な税控除を利用できると強調したメッセージは、「寄付を単なる金銭取引と思わせた」（寄付することで得られる「ウォームグロー（心が温かくなるような満足感）」が薄れた）。納得のいく仮説だし、結果を見たあとなら解釈をするのも容易だ。だが、こうした効果の違いを最初から把握できるかというと、そういうわけにもいかない。

私が知る限り、効果のない二つを正確に当てられる人はほとんどいない。この点は重く受け止めてほしい。アプローチの効果をある程度正確に予想できないのなら、マーケターとしては慎重になるべきだ。わからないことが悪いのではない。人間は複雑で、行動もそのときの前後関係で変わるのだから、テストをして確かめていくことが重要なのである。

アプローチの効果をある程度正確に予想できないのなら、慎重に確かめるべきだ。

では、マーケティングのテストや実験を成果につなげていく方法を、もう少し具体的に考えてみよう。

行動科学を応用するには

1 自己申告データは懐疑的に見る

テストをすると決めたなら、次に考えるべきは、どんなテストにするかという問題だ。大前提として、人が口に出して言うことを信じてはいけない。行動科学における大きなテーマの一つとして、人が自分で申告するモチベーション要因と、実際のモチベーション要因は、別のものなのだ。

自己申告があてにならない理由として、人は質問に対して嘘をつく場合がある。さらに厄介なことに、自分の真のモチベーションを自分自身でわかっていない場合も少なくない。

＊そうだとしてもぜひ読んでいただきたい。

＊＊オグルヴィ・コンサルティングは、たずさわったリサーチや実験の結果を年次報告書で公開している。成功例だけでなく失敗例も公開している点は称賛に値する。

ヴァージニア大学教授ティモシー・ウィルソンの著書タイトルを借りるならば、「自分にとって自分は赤の他人（Strangers to ourselves）」なのだ〔訳注　邦題は『自分を知り、自分を変える――適応的無意識の心理学』〕。

この主張には裏付けがある。人間は自分のモチベーションを自分でわかっていない、という仮説を実際に調べた研究があるからだ。1999年、当時はレスター大学心理学者だったエイドリアン・ノースが実験を行っている。

舞台はスーパーマーケットのワイン売り場だ。2週間にわたり、売り場のBGMとして、あるときは陽気なズンチャッチャ系のドイツ音楽を流し、あるときはアコーディオンが印象的なフランス音楽を流した。すると、フランス音楽が流れている期間に売れたワインは、83％がフランス産だった。ドイツ音楽を流している期間は65％がドイツ産だった。これだけの差が出たということは、BGMが主たる決定要因となってワインが購入されている、という意味になる。

ただし、調べたのは売上だけではない。ノースは店を出た客に声をかけ、ドイツワインもしくはフランスワインを買ったかと尋ねた。買った客には、そのワインを選んだ理由を尋ねた。音楽が理由だと自発的に答えたのは、たった2％だ。BGMについて水を向けた場合でも、購入者の86％は、BGMの影響なんか受けていないと明言した。購入動機に関する本人の申告は、現実とは正反対だったというわけだ。

買い物客が嘘をついたという意味ではない。嘘というより、自分自身の真の動機に無自覚だったのだ。

こうした研究から得られる教訓として、マーケターは消費者アンケートやフォーカスグループの調査をしても、出てきた答えをそのままうのみにしてはいけない。ではどうすればいいか――自己申告のデータに頼れないのだから、行動科学者は別のものを優先する。観察して見られたデータ、つまり観測データだ。

観測データを得るにあたって役立つ手法として、「モナディックテスト」と「フィールド実験」がある。

2 モナディックテストでアンケートの精度を高める

モナディックテスト（モナディック法）は、アンケートから正確性の高い答えを引き出すシンプルな方法だ。まず、被験者をランダムにグループ分けする。どのグループにも同じ概要を説明するのだが、グループごとに異なるファクトを一つずつ盛り込む。その後、テーマについてどう感じるか質問する。感想に違いが出たとすれば、それは盛り込んだ変動要素によって生じた違いだ。

わかりにくいと思う読者のために、具体例として、私が以前に実施した「テンポラル・リフレーミング」の研究を紹介したい。商品の値段が高くなったとき、人は提示された合計額ばかりを重視して、時間的な単位に気を配らない。これを利用した価格戦略をテンポラル（時間的）・リフレーミングと言う。

実験では、被験者500人に自動車の写真を見せ、短い説明文を読ませた。内容は全員同じだ。ただし、1番目のグループには、自動車の金額を「一日4・57ポンド」と伝えた。2番目のグループには「一週間32ポンド」、3番目のグループには「一カ月139ポンド」、4番目のグループには「一年間1668ポンド」と伝えた。計算をしてみればわかるが、この4種類の値段は年間に直せばすべて同額だ。

その後、被験者に車の価値を評価するよう求めた。結果を見ると、時間の単位（タイムフレーム）が長ければ長いほど、取引は魅力的ではなくなることがわかった。一日あたりの金額で示したときのほうが、一年あたりの金額で示したときよりも、すばらしい取引として評価する率が4倍も高かったのだ。

これがマーケティングに意味するところは単純だ——値段は、できるだけ小さな時間の単位で伝えたほうがいい。

ただし、ここで注目したいのは発見の部分よりもテクニックの部分だ。アンケートでの聞き方を巧妙に工夫することで、回答者の本音を引き出している。仮に「一日1ポンドと言われた場合と、一週間7ポンドと言われた場合では、どちらのほうがお買い得だと納得しますか」という直接的な聞き方をしたならば、回答者はきっと困惑し、どちらも同じだと答える。だが、モナディックテストで間接的に尋ねることによって、本人も自覚していないであろう真の動機が浮き彫りになったのだ。

今度アンケートを実施するときは、このシンプルなテクニックを活用してみてほしい。

3 モナディックテストとフィールド実験の合わせ技

モナディックテストは便利だが、自己申告に頼ったデータである点では進歩がない。さらによいのはフィールド実験〔訳注　研究室内の実験や、架空の設定での調査ではなく、現実の環境において反応を調べること〕だ。心理学者が一般的に用いるアプローチの一つである。

やり方は単純。用意したアンケートではなく、自然発生的な環境において、二つのシナリオを作る。すべての条件は同一にして、一つの要素だけ差をつけ、生じる行動の違いを測定する。行動に違いがあれば、差をつけた要素によるものだと判断できる。

今回も私自身が数年前に手掛けたフィールド実験の例で説明したい。イギリスの有名なスーパーマーケットの依頼で実施した実験だ。依頼主には「この店は高い」という先入観を払拭したいという希望があった。そこで私が過去の宣伝方法を調べたところ、心理的価格設定（チャームプライシング）がほとんど活用されていないことに気づいた。ここで言う心理的価格設定とは、下一桁を9にして、お得な値段だと見られやすくすることを指す[*]。私は依頼主に対し、下一桁9の値段を店内や広告でもっと見せたほうがいいと提案した。

スーパーマーケット側は納得しなかった。下一桁9の価格設定はいかにも安売り的で、それまで苦労して築いてきた高品質への評判を損なうと考えたのだ。そう思うのも無理はない。買い物客はむしろキリのいい数字を好むというエビデンスもある。コーネル大学のマイケル・リンによる2013年の研究では、ニューヨーク州北部にあるセルフサービス式ガソリンスタンドの売上を分析したところ、客の支払額の56％は小数点以下が「・00」となっていることがわかった。偶然というには確率が高すぎる。これは客がキリのいい数字を好んだことを反映している、とリンは考察している。

だが、ガソリンスタンドでキリのいい支払いを好むことと、スーパーマーケットの心理的価格設定が安っぽく見えるかどうかは、だいぶ話が違う。はっきり結びつけられないのなら、一番よいのは実験をして確かめることだ。残念ながらスーパーマーケット側は大々的な実験をする予算を用意していなかったので、私はアレックス・ボイドとともに、シンプルでコストのかからない実験を考案した。

まず、ロンドンの人通りの多い場所で通行人を呼び止め、チョコレートの試食を勧める。このチョコレートは「ボリバル」という名前で、まもなくイギリスでも発売されるんですよ——と説明し、値段を教えた。あるときは小さなチョコバー一本が79ペンスと言い、別

＊心理的価格設定については、私の前著でもいくつかのエビデンスを紹介した。たとえばシカゴ大学のエリック・アンダーソンとMITのダンカン・シメスターが行った2003年の研究では、通信販売業者の協力のもと、婦人服の価格設定が売上におよぼす影響を調べている。ある服を一着34ドルと設定した期間に売れた数は16着、39ドルのときは21着、44ドルのときは17着だった。サンプルサイズが小さいので、確認のため何度か実験を繰り返したが、そのたびに同様の結果になった。アンダーソンらの見解によれば、下一桁を9にする手法はセールで頻繁に使われているので、下一桁が9ならセールである、という混同が生じるようになったらしい。また、もとの値段がいくらであるかにかかわらず、小数点以下が「・99」となっているのを見ただけでも、お買い得だと認識される傾向があった。

のときには80ペンスだと言った。

ボリバルというエキゾチックな商品名は、害のない嘘だ。実際には、イギリスでごく一般的に売っているキャドバリー社のチョコレート「デイリーミルク」を割ったかけらを試食させていた。嘘のストーリーを教えた理由は、ブランドに対する先入観をもたせないためだ。先入観があると、価格差の影響が消えてしまうかもしれない。

チョコレートを食べた被験者は、味を1から10のスコアで評価する。80ペンスのチョコバーだと思った被験者の平均スコアは7・1。79ペンスだと思っていた被験者のスコアは、わずかに高く7・6だった。統計的に有意というほどの違いはなかった。

このフィールド実験にかかった経費は20ポンド未満だ。時間も、何日か午後の数時間を使っただけ。それだけのコストで仮説をテストして、心理的価格設定は――少なくともチョコバーに関しては――品質に対する認識を損なわないことを証明できた。

モナディックテストとフィールド実験の二つを比べるなら、フィールド実験のほうが現実的なので、私ならばこちらのほうを優先する。だが、どちらも状況に応じて役に立つ手法だ。手早く答えが欲しいときは、シンプルに行えるモナディックテストを選ぶとよいだろう。

4 実験は6ステップで

便利なテクニックをいくつか学んだところで、実験をする際のプロセスを整理してみよう。大きく分けて6つのステップがある。

▼ステップ1――問題を特定する

目標は具体的でなければいけない。「売上をもっと増やす」とか「利益を多くする」といった定義ではだめだ。漠然としすぎている。目標が大きくて広いなら、克服すべき小さくて具体的な問題へと落とし込む。先ほどのスーパーマーケットの例では、「心理的価格設定は品質に対する認識を損なうかどうか」という問いを立てている。

▼ステップ2――先行研究を調べる

行動変容については数多くの研究が発表されている。同じ問題がすでに研究されていないかどうか調べてみよう。

私たちがスーパーマーケットの実験をしたときも、心理的価格設定が品質に対する認識を損なうかもしれない、と示唆する先行研究があることを確認していた。

▼ステップ3――先行研究で納得がいくのかどうか判断する

過去の文献を調べたら、自分自身が知りたい問いに対して先行研究がふさわしい答えを出しているかどうか判断する。多くの場合、答えはNOだ。学術研究のリサーチ対象が自分の知りたい対象とは重ならないこともある。異なる市場や異なる分野で調べているとか、実験の設定が特殊であるとか、そうした理由で参考にならないこともある。

私が手掛けたフィールド実験の例で言うと、ガソリンスタンドの先行研究は品質に対する認識への影響ではなく、あくまで支払いの好みに注目したものだった。そこで次のステップ4に進むことにした。

▼ステップ4――フィールド実験やモナディックテストを設計する

このステップでは次に挙げる点に注意してほしい。

1　シンプルにする

調べるのは1回に一つの疑問だけ。私も以前、一度に何個もの疑問を調べようとして、実験を破綻させてしまったことがある。

2　調べたい対象を反映したサンプルを使う
知りたいと思っている層を被験者として起用すること。

3　被験者には実験意図を知らせない
何を調べているか意識してしまったら、行動が変わってくる可能性がある。

4　知りたい要素だけ差をつけて、残りの条件はすべてそろえる

5　統計的に有意な結果が出るように、サンプル数を充分に確保する

この注意点を守っていれば、実験にはさほどコストはかけなくてもいい。というより、むしろコストはかからないほうがいい。手早く手ごろに実験できるなら、毎週でも繰り返し確認ができる。莫大な費用をかけて年に一度のテストをするよりも、はるかに成果につながりやすい。

テストは仮説の検証作業だと考えよう。毎回すべてのことを完璧に調べる必要はない。既存のやり方を改善するヒントが得られればいい。

▼ステップ5――現場でテストをする

手早く手ごろなテストをしたならば、その次は実際の場所で、規模を広げて実験してみよう。たとえば最初にモナディックテストで小さく実験したら、次はウェブサイトを使ってA／Bテストをしてみる。いつもの価格表示を対照群として、別の価格表示（週あたりの金額で示す、一日あたりの金額で示すなど）で売上に違いが出るかどうか調べるなど。

▼ステップ6――実験の結果を踏まえて宣伝方法を変える！

当たり前に思えるかもしれないが、ここが重要なポイントだ。実験をして、使えそうな発見があったなら、それを活用して消費者の行動を促さなければ、実験をした意味がない。

実験も多々あるので、どれにしようか迷っているなら、フレーミング効果を試してみてはどうだろうか。よく知らないというあなたも心配いらない、次の章に進むだけでいい。フレーミング効果について知っておくべきことをすべて説明しよう。

第10章 フレーミング Framing

友達のホープが2週間後に誕生日を迎える。あなたは仕事をちょっと抜け出し、繁華街までプレゼントを探しに行くことにした。近くのアンティーク店で、あの子が気に入りそうなヴィクトリア朝のブローチを見つけた。手の届かない値段じゃないだろうか。ドキドキしながら値札をめくる。よかった、そうでもない。嬉しくなってレジに向かう。列に並んでいると、レジ前に小さな手書きの注意が貼ってあるのが見えた。「クレジットカードは手数料2・5%が加算されます」と、さらっと書いてある。手持ちの現金では足りないので、このブローチをカードで買うために余計な出費をさせられるということか。なんだか腹が立ってきた。

店側にはあなたを苛立たせない方法があった。あらかじめ値段に2・5％上乗せしておいて、現金払いの際に同等の割引をすればよかったのだ。経済学者なら加算も割引も同じことだと言うかもしれないが、心理学者なら、シチュエーションの切り取り方（フレーミング）が違うと知っている。人は損のほうが得よりも大きく感じるので、クレジットカードで払って手数料を上乗せされるのは苦痛だが、クレジットカードで払って割引の権利を手放すのは気にならないのだ。

これは単なる推測ではない。２０００年に、ＥＵの委託によりオランダでクレジットカード所有者１５０人を対象に実施された調査では、回答者の74％が「クレジットカードに手数料を課されるのはいやだ」と認識していることがわかった。ところが、同じシチュエーションを「現金払いなら割引」という言い方にすると、「いやだ」の認識は49％に下がった。

言い方をちょっと工夫するだけで、インパクトががらりと変わるのだ。これが支払い手段に限らないことは、古い研究でも証明されている。アイオワ大学のアーヴィン・レヴィンとゲイリー・ガースによる１９９８年の実験では、被験者となった学生に牛挽肉をふるまって、ある学生には「赤身75％」と説明し、別の学生には「脂肪分25％」と説明した。

言い方をちょっと工夫するだけでインパクトががらりと変わる。

牛肉は同じ個体のもので、脂肪分の割合も同じだ。にもかかわらず、表現を変えたことで味の評価に違いが出た。赤身75％と聞かされた学生のほうが、その肉を気に入ったのだ。脂肪分25％と聞かされた学生よりも、品質に対する評価が19％高く、肉の締まり具合も31％高く評価していた。

フレーミングが重要となる理由

表現の切り取り方、すなわち「フレーミング」がこれほど大きな影響をおよぼす理由については、ダニエル・カーネマンが『ファスト＆スロー』で明らかにしている。人は決断をするとき、自分が知っていることを知っている知識をよりどころにする。目の前にある情報だけを検討して、今現在は見えない関連要素を無視するという意味だ。カーネマンはこのバイアスに「自分の見たものがすべて（What You See Is All There Is）」、略して

WYSIATIと名前をつけた。

カーネマンはWYSIATIの説明を、こう語っている。

WYSIATIとは、自分がもっている情報が唯一の情報であるかのように扱うという意味です。「自分の知らないことがたくさんあるな」ということにはあまり意識を向けません。知っていることの範囲で考えるのです。人の思考の中心にこの発想があります。


マーケターにとっては興味深いコンセプトだ。消費者が注目する対象をうまく編集すれば、消費者の心理的反応を形成することができる。

単語一つ変えるだけでも違いは生じる。ワシントン大学のエリザベス・ロフタスとジョン・パーマーによる1974年の実験がこれを非常にはっきりと浮き彫りにした。実験では被験者に自動車事故のビデオを見せ、時速はどれくらいだったと思うか推測させた。

被験者への問いは、たった1語（英語の動詞一単語）だけ変化をつけている。「［激突した／衝突した／ぶつかった／当たった／接触した］ときの時速はどれくらいだったと思いますか」。

動詞	被験者が推測した時速（マイル）
激突した	40.8
衝突した	39.8
ぶつかった	38.1
当たった	34.0
接触した	31.8

出所：ロフタスおよびパーマーによる研究（1974年）の結果より

1単語の違いで、被験者の推測するスピードには大きな差が生じた。「激突した」と聞かされていた被験者と、「接触した」と聞かされていた被験者を比べると、前者のほうが車のスピードを28％速く答えている。

問いに含まれる動詞が、一種のレンズとなって、被験者たちが見る現実の姿をゆがめたのだ。

このように人の認知を形成する言葉のパワーは、日常のさまざまな場面でも確認できる。たとえば1920年代のアメリカでは、自動車業界が巧みにこのパワーを活用した。当時、自動車の普及に伴い歩行者を巻き込む事故も増加していたため、大衆は当然ながら自動車メーカーに怒りを向けた。

メーカー各社は怒りの矛先をそらすために手を組み、「ジェイウォーキング（jaywalking）」という新しい単語を作り出した。交通規則を無視して道を横断する人――それまでは特別に問題視されていなかった――を指す造語である。「ジェイ」〔訳注　本来は鳥のカケスのこと〕という単語にはもともと軽蔑の意味があった。よそ者、どんくさい田舎者、都会のルールを理解できない人、というニュアンスだ。そんな様子で道を渡るなんてみっともない。造語が定着すると、自動車事故の責任は車ではなく歩行者になった。現代のアメリカでも、「信号無視をする人」「交通規則を守らない歩行者」という意味で、ジェイウォーカーは罰金の対象だ。

これは1920年代のアメリカだけで起きることではない。サラ・カーターとレ・ビネの名著『プランを立てない方法（*How Not to Plan*）』が、2012年のロンドンで見られた同様の例を紹介している。

『スラムドッグ$ミリオネア』や『トレインスポッティング』などの作品を手掛けた映画監督のダニー・ボイルが、この年のロンドン五輪で開会式の芸術監督を務めることとなった。ボイルは、出場者に実際の衣装を着用させたリハーサルを、6万人の観客を会場に入れた状態で実施することにした。観客がいると現実味が増すので、本番に向けて準備を整えられる。だが問題があった。観客がネタバレするのをどう防げばいいだろう？

ボイルは観客に「開会式の詳細は秘密にしてほしい」と要求しなかった。彼が要求したのは別のこと――「サプライズを守ってほしい」だ。ほんのささやかな言い方の違いで、大事な情報を広めてしまうことではなく、ショーの興奮が薄れてしまうことへ、問題の焦点をずらしたのである。

この言葉の選択は正解だった。開会式のサプライズは、信じられないほど、メディアに洩れなかった。

言わんとすることはおわかりだろう。表現は賢く選ぶべし。人の行動を変えるパワーがあるのだから。

それでは、実際に応用する際のコツを考えてみよう。

行動科学を応用するには

言い方をわずかに変えるだけで提案のインパクトが変わる、と知っておくことは重要なのだが、それではアドバイスとして漠然としすぎている。もう少し具体的に、フレーミングのパワーを活用する方法3つを次に整理した。

1 得よりも損にフォーカスする

一番シンプルな応用方法は、商品を宣伝する際に、買い手の利益よりも損にフォーカスすることだ。ダニエル・カーネマンとエイモス・トヴェルスキー、二人のイスラエル出身の心理学者が、これを「損失回避」の心理として明らかにしている。得よりも損のほうが大きくのしかかって感じられるという現象だ。

ハーバード大学の心理学者エリオット・アロンソンも、シンプルな実験でエビデンスを示した。*アロンソンは1988年に、住宅所有者404人に対し、住宅の断熱効果について説明した。所有者の半分には、自宅の断熱処理をすれば一日75セントの節約になると教えた。残りの半分には、断熱処理をしないと一日75セントの損だと教えた。

そのうえで、断熱処理サービスの詳細情報を知るために登録をするかどうか尋ねる。すると、断熱処理で得をすると聞いた被験者たちは、39%が情報を求めて登録すると答えた。ところが、断熱処理をしないと損をすると聞いた被験者は、なんと61%も登録すると答えた。登録率で見れば56%も増えている。

この発見はマーケターにとって応用しやすいだろう。たいていのキャンペーンは、商品を買うことで得られるものにフォーカスしている。だが、損失回避のバイアスを考えるなら、文章を少しひねったほうがいい。商品を買わなければ何を損するかという点にフォーカスするのだ。

たとえばスマートフォンを売るなら、よくある宣伝のように得をする説明をするのではなく、「このスマホに乗り換えないと、毎月30ポンドが無駄になったまま」という文章にしてみよう。

2 動詞よりも名詞

表現を工夫して行動を促す方法として、ほかにもシンプルなやり方がある。動詞ではなく、できるだけ名詞を使うのだ。スタンフォード大学のクリストファー・ブライアンが2011年に発表した研究では、2008年の大統領選挙の際、カリフォルニア州で投票する資格があるにもかかわらず有権者登録をしていない住民を対象に、ある実験をしている。

＊アロンソンの研究では、おそらく「プラットフォール効果」が一番よく知られている。人や商品の欠点（プラットフォール）を見せたほうが人気になる傾向のことだ。過去の優れた広告キャンペーンにも、この効果を応用した作品が多々ある。フォルクスワーゲンのキャッチコピー「見た目が不格好なだけ」、独特な味と香りのペースト状発酵食品マーマイトの「大好きになるか、大嫌いになるか、どちらかです」、黒ビールのギネスの「待たされる甲斐あり」など。私の前著でも紹介している。

被験者には投票の意思を尋ねるアンケートに答えるよう求めるのだが、アンケートは2種類あった。一つめのアンケートでは、投票に関連する短い問いを、名詞を使った文章で並べている。そしてもう一つのアンケートでは、同じ内容を動詞を使った文章で尋ねる。たとえば前者が「今回の選挙で投票者になることを、あなたはどれくらい重視しますか」、後者が「今回の選挙で投票することを、あなたはどれくらい重視しますか」だ。

アンケートを埋め終わった被験者に、投票するにあたり有権者登録が必要だと告げる。すると、名詞の問いを読んだ被験者グループのほうが、登録に対して意欲を示す傾向があった。論文では次のように考察している。

名詞を使う語法が、その特徴は自分の本質にかかわるものだという認識を強く抱かせる。

動詞が「何をするか」を表すのに対し、名詞は「自分はどんな人間であるか」を表す。そのため名詞のほうが強い説得力をもつというわけだ。

聞き手や読み手に自分自身のこれまでの行動を意識してほしいなら、名詞を使った文章を書こう。たとえば私は少し前に、ある雑誌出版社から依頼を受けて、定期購読者に契約継続を促す文面を考案した。私の提案により、更新時期を案内する手紙の文面が「定期購読ありがとうございます」から「定期購読者となってくださりありがとうございます」になった。小さな違いだが、効果は絶大だった。

3 社会的証明を利用して、在庫切れでもイライラさせない

最後にもう一つ。お客が欲しがる商品の在庫がないときでも、表現に小さな変更をほどこすだけで、客のイライラを軽減できるという例を説明したい。２０１９年、テキサス大学のロバート・ピーターソンの研究で、被験者１１１７人にウェブサイトの商品ページを見せた。商品は「在庫なし」「完売」「取扱不可」のいずれかになっている。

商品説明は一言一句同じなのだが、在庫がないと知らせる文言の違いが、被験者の反応に大きな影響をおよぼした。ネガティブな反応が圧倒的に少なかったのは「完売」だ。被験者の失望は「在庫なし」と比べれば8％低く、「取扱不可」と比べれば15％低かった。

「完売」と表示するほうがいいらしい理由は、この言い方が商品の人気ぶりを強調しているからだ。商品がよいものだというお墨付き（社会的証明）になる。その点で「取扱不

可」は、商品の流通に問題ありという背景を匂わせている。*

さて、この章の後半では、言い方にささやかなひねりを加える3つの方法——損失を強調する、名詞を利用する、社会的証明を入れる——を説明した。ここで冒頭で紹介したアンティーク店の話を思い出してほしい。クレジットカード払いで手数料を加算する話は、また別のフレーミングもかかわっている。あの例では説明の仕方のせいで、不公平感を抱かせた。カード払いだからって高くなるなんてずるいじゃないか、と思わせたのだ。

公平・公正かどうかという点は、人間の行動を驚くほど強く動かす。これをうまく利用する方法を次の章で考えてみよう。

---

*社会的証明《ソーシャルプルーフ》とは、商品が世間で人気があったり、特定の行動が社会で支持されているものだったりすると、それがいっそう魅力的に思えることを指す。私の前著でも詳しく説明した。

第11章 公正さ Fairness

職場に戻ると、上司からメールが来ていた。今度のボーナスの話をずっと待っていたので、胸を高鳴らせてメールを開く。

吉報だ。今年の貢献が評価され、1000ポンドのボーナスが出るという。興奮のあまりちょっと変な声が出た。期待を大幅に上回る額だ。

いてもたってもいられず、このグッドニュースを同僚のトムに話す。トムは喜んでくれて、自分も1100ポンドのボーナスで長めの旅行に行こうと思うんだ、と言った。

あなたはどうにか笑顔を維持した。トムのほうが多いなんて、まさか。同じ業務をしているのに？

少し前に転職コンサルタントに会ったことを思い出す。もしかしたら、あのときの引き抜きの話は悪くなかったんじゃないか……。

純粋に論理的な観点から言えば、この反応はおそらくおかしい。他人のボーナスなんか関係ないはずだ。大事なのは自分のボーナスの額。同僚がいくらもらったか、それによって自分の1000ポンドで買えるものが増えたり減ったりするわけでもない。

そう考えるべきなのだろうが、だからといって、人が「べき」のとおりに思ったり行動したりするわけではない。マーケターにとって関心があるのは、「べき」のとおりにならない思考や行動のほうだ。

理屈ではなく実際問題として、人は公正さが踏みにじられたと感じたとき、それに対してなんらかの反応をすることが多い。

これを最初に調べた実験は古く、1982年にさかのぼる。ドイツのケルン大学のヴェルナー・ギュート、ロルフ・シュミットベルガー、ベルント・シュヴァルツという三人の学者が、現在では「最後通牒ゲーム」と呼ばれる実験を考案した。被験者をペアにして、片方が提案者、もう片方が応答者という役割にする。提案者に一定のお金を与え――最初の実験では４ドイツマルクから10ドイツマルクのあいだだった（現代のイギリスポンドで４ポンドから10ポンド程度）――それを適切だと思う額で応答者と分けるよう指示する。提案者と別の場所にいる応答者は、提案者が決めた分配について、交渉なしで受け入れるか、拒否するか、どちらかを選ばねばならない。応答者が拒否した場合は二人ともお金をもらえない。

それまでの経済学者の常識としては、10マルクのうち２マルクだけ分けるというような不平等な分配でも、応答者は受け入れると考えられていた。提案を呑んだほうが、何ももらえないよりマシだからだ。

ところが、実験の結果は予想を裏切るものだった。提案者が８割を自分のものにしてしまう場合など、ひどく不公平な分配を提案すると、応答者のほとんどがこの取引を拒否した。自分も損をしてでも、卑怯な真似をする相手を罰するほうを選んだのである。

人は、たとえ自分が損をしてでも、公正さをふみにじる相手を罰するほうを選ぶ。

額が小さいので、この発見はささいな金額にしか当てはまらないのでは、と読者は思っているかもしれない。だが、１９９９年にメルボルン大学のリサ・キャメロンが最後通牒ゲームをインドネシアで再現した際には、もっと大きな額で実験している。100ドルだ。被験者にとっては毎月の出費の3倍に相当したのだが、それでもなお、応答者はひどく不公平な分配をはねつける傾向があった。

奇妙に感じるかもしれないが、実はこの行動は進化論的にメリットがある。人類は単独では生き延びられない。集団で力を合わせて初めて強くなれる。集団で協力することで効率性が高まるのなら、そこにちゃっかりタダ乗りする人がいてはいけないのだ。公正さの規範を踏みにじる存在を、どんな手を使ってでも——たとえ自分が損をしてでも——罰しておくのは、人類が生き延びるための策の一つなのである。

公正さを求める根深い習性

人類が最初に公正さを重んじたわけではない。実のところ霊長類自体に同じ行動が見られる。

2003年、エモリー大学の学者フランス・ド・ヴァールとスーザン・ブロスナンがオマキザルというサルで実験をした。まず、サルに小石を差し出す芸を教え、ちゃんと差し出せたら褒美にキュウリを渡す。隣のガラスケージにも別のサルがいて、サルたちはお互いの様子を見ることができる。

最初は同じ訓練を続けた。2匹のサルは、研究者に小石を差し出し、褒美をもらう。ところがその後にパターンが変わった。研究者は片方のサルにキュウリを与え、もう片方のサルにはブドウを与えた。サルにとってはブドウのほうが好物なので、不平等の要素を入れたというわけだ。ド・ヴァールは「オマキザルの食べ物に対する好みは、スーパーマーケットでお得なほうを買いたい気持ちと同等」と表現している。

キュウリをもらい続けていたサルは、褒美の中身が変わったわけではないのに、指示に逆らうようになった。もう一匹がブドウをもらうのを見ると、半分の確率で、キュウリを受け取ることを拒むのだ。たいていは怒りを込めてキュウリをケージの外に投げ捨ててしまう。[*] この行動はサルの性格によるものではなかった。最初の実験で、どのサルもキュウリをもらっていたときは、褒美を拒否する率はたった5%だったからだ。

＊この説明では実験の面白さを伝えきれないので、ド・ヴァールがTEDトークに登壇した際の講演を見てほしい。不満を爆発させるサルたちの映像も紹介されている。www.youtube.com/watch?v=meiU6TxysCg

サルと人間が数百万年も同じ祖先を共有してきたことを考えると、これは実に興味深い。不公平な扱いに対してどちらも同じ反応をするのだから、この感覚は相当に根深いというわけだ。マーケティングで人の行動を変えたいなら、ぜひ活用してみてほしい。

公正さの認識は消費の行動にも影響する

サルの実験では、公正さに対する感情の根深さはよくわかるのだが、これはマーケティングや商業の環境からはかけ離れている。そこで私は2020年に、同じ発見がビジネスの世界でも見られるかどうか調べてみることにした。

被験者となったイギリス国民に、あるスーパーマーケットの話をする。その店は新型コロナウイルスの感染拡大初期に、トイレットペーパー9個パックの値段を5ポンドから6ポンドに値上げした。経済学者ならばこれは妥当な判断だと言うだろう。供給と需要の関係を反映したにすぎない。だが、ほとんどの消費者はそう解釈しなかった。調査の回答者のうち、圧倒的多数に相当する83%が、この値上げはアンフェアだと答えた。イギリス人だけではない。同じ調査をフランスで実施したときは、より強い否定的反応があり、回答者の96％が、この値上げはアンフェアだと答えた。

こうした結果を踏まえると、買い物をするときでも、公正かどうか、不公平ではないかという問題に、人は敏感になりやすいと思われる。とはいえ、敏感になった買い物客の行動が変わるとは限らないし、実際の出費を伴わない調査では参考にならないと思う読者もいるだろう。お金が絡んできても、消費者はこの法則どおりの反応を示すのだろうか。

シカゴ大学のサリー・ブラントとノースウェスタン大学のマックス・ベイザーマンがその疑問を調べている。実験では126人の学生に、少額の報酬を払って、政治的な意思決定に関する実験に参加させた。政治に関する実験というのは口実で、実験に参加することを承諾するかどうかを調べるのが目的だ。

報酬は二通りあった。第1グループには、実験に参加すれば7ドル払うと約束する。このシナリオでは、ほぼ4分の3に相当する72％が参加に同意した。

第2グループには、実験に参加すれば8ドル払うと約束したが、一つ無害な嘘を付け加えた。第1グループは10ドルもらいました、と告げたのだ。すると、本当は第1グループより1ドル多くもらえるにもかかわらず、第2グループでは参加の同意率が54％になった。25％も減っている。

被験者となった学生は報酬の絶対額だけを評価していたのではなかった。相対的な金額も、参加・不参加を決める動機になったのだ。不公平な扱いを受けるくらいなら、儲かる機会を捨てるほうを選んだ。この結果を見る限り、公正さの認識は買い物の行動にも影響すると見てよさそうだ。

では、実際の応用方法を考えてみよう。

行動科学を応用するには

1 不公平への怒りを利用する

まず、不公正・不公平なことへの憤りを利用するというやり方がある。現時点で特定のブランドを利用している消費者に、別ブランドの商品を試させるのは難しい。だが、もしも今利用しているブランドが何か不誠実な真似をしたならば、ずっと続いてきた絆も弱まると考えられる。

たとえば銀行だ。他銀行からの乗り換えを促したいなら、銀行で割に合わないと感じる体験——限度額をわずかに上回る額を引き出しただけで手数料が10ポンドも課されるなど——をしたタイミングを狙えば、乗り換えさせることに成功する可能性は一番高い。

より巧妙な作戦として、ライバルの行動はアンフェアだとリフレーミングしてしまう、という手も考えられる。たとえば新しい配車サービスを普及させるにあたり、ライバルであるウーバーはサージプライシング〔訳注　需要が多いときに割増料金を設定すること。ダイナミックプライシングとも〕が弱点だと思われるなら、こちらは固定料金制であることをアピールする。

サージプライシングにつけこむのは確かにチャンスになりそうだ。私が2015年にジェニー・リデルとともに行った調査では、地下鉄でストライキがあった日を選び、ウーバーのサージプライシングの妥当性について367人に意見を聞いた。すると回答者の83%が、割増料金はアンフェアだと答えた。それどころか、私たちがさらに掘り下げて尋ねると、割増料金の方針は「きわめて不愉快」「足元を見ている」「不当利益だ」という意見も出てきたのだった。

2　価格設定に公正さの法則を当てはめる

別の方法として、公正さに関する法則を価格設定に利用するという手もある。最初に理解すべきは、売り手側にとって妥当に思える値上げでも、消費者は不当だと感じる可能性があるという点だ。

このリスクを低減するにあたって、参考になる研究はいくつかあるのだが、一番最初に調べたのはリチャード・セイラー、ダニエル・カーネマン、ジャック・クネッチの三人だ。彼らは１９８６年の実験で、被験者に小売店の値上げに関するさまざまなシナリオを説明した。たとえば大雪が吹き荒れた日の翌日に工具販売店がシャベルを15ドルから20ドルに値上げしたというシナリオでは、回答者の82％が、アンフェアだと評価した。客のニーズが高まっている状況で値段を上げるのは搾取行為だ、と解釈されたのだ。

実験では、この手の値上げで怒りを招かない伝え方も調べている。今度は被験者に次のようなシナリオを示した。

輸送上の問題により、ある地域でレタスの供給が少なくなり、卸売価格が上昇しました。ある食料品店がいつもと同量のレタスを、いつもよりも一個あたり30セント高い値段で仕入れました。食料品店はそのレタスを一個あたり30セント値上げして買い物客に売りました。

こちらのシナリオの場合、値上げは許容できないと答えた回答者はたった21％だった。意味するところは明白だ。値上げを正当化できる理由を提示すること。賃金、税金、原材料費が高騰したなら、それを消費者に訴えよう。多くのブランドはこのような価格要素には言及しないが、むしろ窮状を開示したほうが、消費者は値上げを受け入れる可能性が高い。

3 理由のパワーを利用する

正当な理由を伝えても納得してもらえないのではないか、という不安から、ブランドは値上げの説明をしたがらない。しかし、ハーバード大学の心理学者エレン・ランガーの研究が、それは間違いだと教えている。

ランガーは1978年に、大学のコピー機に並ぶ列に横入りを試みるという実験をしている。横入りをするときの頼み方は二通りあった。「すみません、5枚なんです。先に使わせてくれませんか」。すると頼まれた側の60％が承諾した。

もう一つの頼み方は、少しだけ変化をつけている。「すみません、5枚なんです。先に使わせてくれませんか。コピーしなきゃならないので」。横入りしてもいい正当な理由は何も言っていない点に注目してほしい。コピー機を使うのだからコピーをしたいのは当たり前だ。

ところが、2番目のシナリオでは承諾率が93％に上昇した。「コピーしなきゃならないので」は無意味な台詞にすぎず、ランガーの表現によれば「プラセボの」情報だ。ところが、「～ので（because）」が入っていることで、そのプラセボ情報が承諾率を高めた。「～ので」「～だから」という言葉は、通常は妥当な理由を述べた文章を伴うからだ。何の理由にもなっていないときでさえ、その連想をかきたて、承諾させやすくなったのである。

この発見から得られる気づきは応用しやすい。マーケティングのメッセージには「～ので」「～だから」を入れること。

4 視野を広げて、横から裏から、別の角度で解釈しよう

この手法は別の角度からも応用できる。これもリチャード・セイラーが１９８５年の研究で明らかにした。実験では被験者に２パターンのシナリオを提示している。１番目はこんなシナリオだ。

ある暑い日、あなたはビーチで寝そべっています。飲み物は氷の入った水だけ。キンキンに冷えたお気に入りのビールが今ここにあったらなあ、と、１時間前からずっと考え続けています。一緒にいた友人が、電話をかけてくると言って立ち上がり、ついでにビールを買ってこようかと声をかけてくれました。そばでビールを売っているのは、さびれた小さい食料品店だけです。「もしかしたら高いかもしれないけど、いくらまでなら出す？」と友人が尋ねます。指定した金額以下だったら買ってくるけれど、それを超えるようなら買わずにおくよ、と。あなたは友人を信頼しています。店の経営者は値引き交渉のできる相手ではありません。さて、あなたは友人に上限いくらと

伝えますか。

被験者たちが回答した平均上限金額は1・50ドルだった。この数字を憶えておいてほしい。

別の被験者グループにも同じシナリオを提示したが、一カ所だけ違う部分があった。近くでビールを売っている店がこじゃれたリゾートホテルのバーという設定だ。こちらのシナリオでも上限金額を尋ねると、平均2・65ドルだった。

どちらのシナリオでもまったく同じ商品——ビーチで飲むためのビール1本——を買おうとしている。払ってもいい上限金額を尋ねるという問いも同じだ。にもかかわらず、2番目のシナリオでは値段が77％も上昇している。

なぜだろうか。

この章で紹介してきたさまざまな実験を踏まえて解釈すると、おそらく「公正さ、妥当性」が一因だ。こっちのほうがコストがかかっているだろうと認識すると、人は高い値段を払うことを受け入れる。セイラーとカーネマンとクネッチの実験では、レタスの仕入れ値の高騰を具体的に明示したが、今回のシナリオのように暗示的にほのめかしただけでも、コストの高さは伝わるというわけだ。

5 フェアな行動をさせる

もう少し違う状況も考えてみよう。人にフェアな行動をさせたい場合は、どうしたらいいだろうか。ここで利用できるのが「見つめる目」の効果と呼ばれるバイアスだ。

イギリスのニューカッスル大学のメリッサ・ベイトソンが、この研究の権威だ。ベイトソンは2011年に、大学内の食堂に数パターンのポスターを貼るという実験をした。

この食堂はセルフサービス式だ。あるときのポスターには、両目の写真と「食事が終わったらトレイを棚に戻してください。ご協力に感謝します」や「この食堂で購入したもの以外の飲食はおやめください」などのメッセージが書かれていた。また別のポスターでは、目の写真が花束の写真に入れ替わっていた。

ポスターの警告は守られるのか、それとも無視されてしまうか。観察の結果、目のポスターが掲示されているときは、花束のポスターのときと比べて、散らかし行為が約50％減っていたことがわかった。ポスターのメッセージが散らかし行為への警告であるかどうかは関係がなかった。こちらを見つめる目の存在があるかどうかが決め手だったのだ。

意外に思えるかもしれないが、オックスフォード大学のキース・ディアが15本の先行研究を調べたメタ分析でも、この効果は裏付けられている。ポイ捨て、自転車泥棒、自動車のアイドリング騒音など、社会に迷惑をかける行動に関する研究には、内容は多様でも共通するパターンがあった。目の写真やイラストなどがその場にあると、こうした迷惑行為は最大で35％も減少していたのだ。

目の写真やイラストは、「見られている」という感覚を抱かせ、社会的に期待された行動をしようという後押しになるらしい。アンフェアな行動をする可能性が低くなるというわけだ。

この章では公正さという要素をさまざまに考察してきた。だが、これに関連して一つまだ触れていない問題がある。人は、選択の自由を奪われたとき、「アンフェアだ」という憤りを抱く。次の章ではこの現象をテーマにしたい。

第12章

選択の自由

Freedom of Choice

山のような仕事をなんとか進めていると、電話がかかってきた。仕方なく手をとめて電話に出る。配偶者からだ。仕事を終えて帰宅したら家がすさまじく荒れている、と配偶者はあなたに報告してきた。

娘の部屋に爆弾が落ちたみたいになっているらしい。床一面に洋服がほうりっぱなしだとか。

あなたはイライラとため息をもらした。自分の部屋はちゃんと片付ける必要がある——片付ける必要しかない、と言ってもいい——と昨夜少なくとも10分は口をすっぱくして娘に言い聞かせたばかりだ。どうして言いつけを無視するんだろう。

子どもに指図しようとする親の思惑はたいてい裏目に出る。上から目線で命令するのは、親としてうかつな行為だ。「リアクタンス」と呼ばれる心理バイアスを発動させてしまう。

イェール大学のジャック・ブレームという心理学者が、1966年に最初にこの心理バイアスについて論じた。ブレームによると、人は自分の自主裁量の権利をおびやかされたと感じたとき、それを取り戻すため反発の行動に出ることが多い。つまり、過度に強制的な命令はたいてい逆効果なのだ〔訳注「リアクタンス」は「反発、抵抗」の意味。電流の抵抗を言うときに使われる〕。

子をもつ親ならぜひ知っておきたい情報だが、関係があるのは子どもだけではない。テキサス大学のジェームズ・ペネベーカーとデボラ・イェイツ・サンダースの1976年の研究を紹介したい。

二人の実験では、男性用トイレに落書き禁止の掲示を設置した。掲示は「壁に落書きをしないでください」という丁寧な文章もあれば、「壁に落書きをするな！」という厳しい文章もあった。2時間ごとに掲示を貼り替え、そのたびに落書きの数を確認した。

すると、高圧的な文章が掲示されていたときに、顕著にリアクタンスが見られることがわかった。丁寧な文章のときと比べると、ほぼ2倍も落書きの数が増えるのだ。

他人の行動を改めさせたいときは、できるだけ言葉を抑えたほうがいい。甘い言葉でおだてる必要はない。相手の気分がよくなる言葉にするほうが得策だ。

他人の行動を改めさせたいときは、できるだけ言葉を抑える。おだてるよりも、気分がよくなる言葉を。

命令されたくない、選択の自由を奪われたくない、という気持ちを逆手に取る方法を考えてみよう。

行動科学を応用するには

やさしい言葉が効果的だと知っていても、それだけでは活用できない。どんなシチュエーションで一番リアクタンスが起きやすいか知っておく必要がある。心理学の研究では、マーケターに関係あるシチュエーションとして3つの条件が特定されている。

1 パワーバランスが傾いているときは、リアクタンス発動に注意

最初に気をつけるべきは、発言者の権威性だ。ペネベーカーらの男性用トイレの実験がこれを試している。落書き禁止の掲示は、それが権威の高い人物である「警察署長」からの警告となっている場合と、権威の低い人物である「大学施設管理担当」からの警告となっている場合があった。

発言者のステイタスが変わると、反応は大きく変わった。警察署長の警告のときのほうが、落書きが2倍も多かったのだ。

マーケティングにおいても、ブランド側と、ブランドからのメッセージの受け手とのあいだでパワーバランスに偏りがある状況なら、特に気をつけなければならない。たとえばイギリス政府の歳入関税庁が税金申告書のすみやかな提出を求めるときには、意外に思うかもしれないが、やわらかい言葉で書いたほうがおそらく効果的だ。もしくは外部機関を経由して呼びかけをするほうがいいだろう。

2 愛用者に向けて伝えるときは、過度に高圧的なメッセージは避ける

2番目に注意すべき点として、B2Cブランドの場合は、消費者との関係性についても考えなければならない。デューク大学のギャバン・フィッツシモンズによる2017年の研究では、被験者162人にアパレルブランドについて意見を聞くという実験をしている。1番目の被験者グループには、長年愛用して愛着を感じているブランドを尋ねた。2番目の被験者グループには、短期的に利用しただけで愛着心をほとんど感じていないブランドを尋ねた。第1グループは当該のブランドに思い入れがある人々で、第2グループは特に思い入れのない人々ということになる。

そのうえで、被験者に2種類の広告のいずれかを見せた。どちらも最初の質問で本人が挙げたブランド名が示されている。広告の片方は、同論文の表現によれば非主張型（ノンアサーティブ）な広告だ。「ウィンター・コレクション　2012」と書いてあるだけ。もう片方の広告は主張型（アサーティブ）で、「今すぐお買い上げを！」という要求のメッセージが加わっている。

被験者に、それぞれ自分が見た広告の好ましさについて尋ねると、ブランドに思い入れがある第1グループでは、主張型広告の好ましさが非主張型広告よりも20％低いという結果が出た。ところが、ブランドに特別な思い入れのない第2グループでは、広告に対する好みに顕著な差は見られなかった。

「消費者がブランドに思い入れを抱く関係性が構築されていると、そうでない場合と比べて、従属の圧力が強くなる」と論文は考察している。関係性が強固であればあるほど、強く要求してくるメッセージを見たとき、こちらの選択の自由を脅かしてくるように感じられてしまうのだ。従わなければならないというプレッシャーが強まり、リアクタンスが起きやすくなる。

要するに、こういうことだ。新規顧客を呼び込む際なら強めの売り込みでもいいかもしれないが、長年の熱心なファンからは反発を招く可能性が高い。対象に合わせてメッセージを調整したほうがよいだろう。

3 文化を考慮に入れる

最後にもう一つ気をつけなければならないのは、文化の問題だ。ザルツブルク大学のエヴァ・ジョナスが２００９年の研究でリアクタンスにおける異文化間の差異について調べたところ、より個人主義的な文化に属している人々は、より集団主義的な文化に属している人々よりも、自分の自由がおびやかされたときにリアクタンスを示す率が22％高いことがわかった。たとえばアメリカやイギリスでマーケティングキャンペーンを実施する場合と、中国や韓国の消費者を対象としてキャンペーンを実施する場合を比べると、前者のほうがリアクタンスが起きる可能性を懸念すべきということになる。*

ここから先を読むかどうかはあなたの自由です

リアクタンスが起きやすいシチュエーションを確認したところで、次は、そのリアクタンスのリスクを最低限に抑える方法を考えてみたい。私からは３つのコツを提案する。

＊マーストリヒト大学のヘールト・ホフステードが、世界中ほぼすべての国を網羅して、国民文化が集団主義的であるか個人主義的であるかを整理している。ホフステード指数は次のサイトで確認できる。 https://www.hofstede-insights.com/country-comparison-tool

4 「あなたの自由」の法則を利用する

最初に紹介したいのは、南ブルターニュ大学のニコラ・ゲガンとボルドー大学のアレクサンドル・パスクァルが2000年に発表した実験だ。

通りすがりの80人に、バス代をもらえないだろうか、と声をかける。頼み方は二通りあり、「すみません、バスに乗るための小銭をいくらかいただけませんか」と言う場合と、「すみません、バスに乗るための小銭をいくらかいただけませんか。もちろん、出すかどうかのご判断はお任せします」と言う場合があった。

ただ小銭を求められた被験者が要求を受け入れる率は10％だった。ところが、相手には拒否する権利があることを強調したときには、その数字が48％に跳ね上がった。

この差の大きさに注目してほしい。お金は戻ってこないのに、差し出す人の割合が5倍近くに伸びている。行動科学の実験はたいてい10％から15％の差が出る程度なので、これほど大きな差が出るのはめずらしい。

影響が表れたのはお金を出した被験者の割合だけではない。金額も増えたのだ。「それをするかしないかは、あなたの自由です（but you are free）」という旨を言われた被験者が出した額は平均1・04ドルで、言われなかった被験者の平均48セントと比べると倍以上だった。拒否する権利があるという事実に意識を向けさせるだけで（拒否する権利はあるに決まっているのに）、要求に対する受容率に大きな違いが生じたのである。

同じことはほかの研究でも裏付けられている。2013年にウェスタンイリノイ大学のクリストファー・カーペンターが、この手法に関連した研究42件のメタ分析を行ったところ、多種多様な状況で受容率の上昇が確認された。だとすれば、寄付のお願いをするにせよ、購入を呼びかけるにせよ、この法則の応用を検討する価値はありそうだ。リアクタンスを生むかもしれない要求をしたあとに、一言付け加えてみてほしい。「受け入れるのも、受け入れないのも、ご判断はお任せします」。NOと言う自由があるとリマインドすることで、リアクタンスは起きにくくなる。

5　判断に参加させる

同じような手段として、相手に一定の決定権や主導権を与えるという手がある。ここでの主導権は重大なものである必要はない。うわべだけの形式的な要素でも効果が期待できる。

ピッツバーグ大学のケイト・ランバートン、ユニバーシティ・カレッジ・ロンドンのヤン・エマニュエル・デ・ネーブ、ハーバード大学のマイケル・ノートンによる2014年の研究が、これを証明している。実験では被験者となった学生182人に、12枚の写真について、どれくらい好ましく思うか9ポイント制で評価するよう求めた。被験者には実験参加に対する報酬が10ドル支払われるのだが、そのうち3ドルは研究室の手数料として返金しなければならない。評価の作業が終わったら、その手数料を封筒に入れて研究者に手渡すというルールだ。

手数料の回収をややこしいやり方にしたのは、参加者がずるをしやすくするためだ。簡単にお金をちょろまかせる。実際にずるをした被験者の多さといったら！　45％が封筒を空のままで渡し、3％は金額を少なめに入れて渡していた。

実験は次に少し変化を加えている。今度は手数料収入の使い道について、被験者から研究室長にアドバイスしてほしいと求めた。被験者は、次回の実験被験者に出す飲み物とお菓子を買う費用にしたらどうですか、といった意見を言う。ただアドバイスをしただけなのに、指示に対する受容率には大きな影響があった。こちらのグループでは68％が封筒に3ドルきっちり入れて研究者に手渡した。最初の実験のグループよりも30％伸びている。発言権を与えられた被験者は、指示に従ってもいいという気になったのだ。

6 ひっくり返されるかもしれない、と思わせない

最後にもう一つ、リアクタンスを回避する策として、マーケティングを仕掛ける側が意識すべき点がある。消費者になんらかの行動を促さなければならないなら、そのアプローチを揺るぎないものにしてほしいのだ。

これを裏付けたのが、ウォータールー大学のクリスティン・ローリンおよびアーロン・ケイ、そしてデューク大学のギャバン・フィッツシモンズによる2012年の研究だ。

三人の実験では被験者に、「自動車のスピード制限を厳しくすれば都市の安全が向上する」と専門家が断言した、と教えた。ただし、被験者を3つのグループに分けて、それぞれに少しずつ違う説明の仕方をした。

対照群となる第1グループには、何も新しい情報は足さなかった。第2グループには、すでに政府はスピード制限厳格化の方向で固まっている、と告げた。そして第3グループには、議員の大多数から支持が得られれば法として施行される、おそらくそうなるだろう、と説明した。3番目のシナリオの重要なポイントは、法制化が覆される可能性もないわけ

ではない、とほのめかした点だ。

　この法律制定をどの程度支持するか、どの程度反発を感じるかを尋ねたところ、間違いなく施行されると聞かされた第2グループは、曖昧さの残るシナリオを聞かされた第3グループと比べて、法制化を支持する傾向が明らかに顕著だった。断言することによって生じた揺るぎなさが、法律変更に合理性を感じさせたということらしい。

　さて、この章では、人が自分の決断は自分で決めたいと思っていることを説明してきた。次は少し違う角度から議論を進めてみたい。自由を主張するにあたり、一般的な慣例に逆らってみるのはどうだろう。実は、それで得をしやすい、という話を次の章で説明する。

第13章

レッドスニーカー効果

The Red Sneakers Effect

幹部会議が長引いて1時間もかかった。永遠に続くかと思えた議論の大半は、在宅勤務に関する方針をめぐってのトゲのある応酬だ。取締役のウィルは、フレキシブルな勤務体制がよいと言う。COO（業務最高執行責任者）のジョンは、全員がフルタイムの出社体制に戻るべきだと声高に主張する。

それぞれメリットがあるが、どちらかといえば、あなたはウィルの案に賛成だ。

ある程度のところで議論は打ち切られ、司会進行役の幹部が多数決にかけた。出席者一人ひとりに、どちらの意見を支持するか尋ねていく。立て続けに数人がCOOへの賛同を示した。

あなたの番はもうすぐだ。同僚たちの判断が正しいのだろうか、という迷いが生じてくる。全員がフルタイムで出社を再開したほうが、士気という点でベストなのかもしれない。

周囲の意見に同調したくなるのは当然だ。心理学の歴史でも一、二を争うほど有名な実験で、人にはそうした傾向があることが証明されている。第二次世界大戦後にソロモン・アッシュが行った研究のことだ。

アッシュはスワースモア大学で教壇に立っていた時期に、ある実験をした。被験者には視覚の実験だと説明し、1本の線が描かれたカードを見せる。次に、長短さまざまな3本の線を見せ、最初の1本と同じ長さの線はどれかと尋ねる。

簡単な選択だ。アッシュに言わせれば「明白かつ単純な事実」でしかない。実際、被験者が自分一人の状況で選んだときは、99％以上の確率で正しく答えていた。

実験はそれで終わりではない。今度は7人から9人ほどのグループで一緒に同じ実験を受けさせた。被験者は、周囲にいるのは自分と同じ実験参加者だと思っているが、実は同じ部屋にいるのは実験のサクラだ。被験者はそれぞれ18回、線を選ぶ。18回のうち12回は、周囲のサクラたちがそろって別の線が正解だと主張する。

アッシュが関心をもっていたのは、こうした状況で被験者がどう反応するかだった。集団の中にいると、周囲に合わせて反応を変えるだろうか。

実際、驚くほどのレベルで同調の様子が見られた。被験者の4分の3が、少なくとも1回は、周囲が主張する不正解に賛同した。全体では回答の3割を不正解で答えていた。

多くの人がこのような同調に流れる傾向がある。それをうまく利用する方法を考えてみたい。

行動科学を応用するには

1 慣例破りはステイタスを伝えるシグナル

人が周囲の行動を模倣する傾向は、さまざまな研究で確認されている。その根底には、周囲に受け入れられたい、仲間外れになるのは避けたいという願望があるようだ。

これをマーケティングで利用するなら、大勢に選ばれている商品です、と伝えるのがよいだろう。実際に多く活用されているテクニックだ。私の前著でも大幅に紙幅を割いて解説している。

しかし、場合によっては集団の常識に逆らってみせることが得になる。常識や規範から外れる行為は社会から不賛同の扱いを受けるリスクがあるが、むしろそれを逆手に取るのだ。この点では、社会的に高いステイタスをもっている人ほど、慣例からの逸脱に踏み切るハードルが低い。評判や知名度という資産をすでに稼いでいるので、多少のコストは痛手にならないからだ。

ハーバード・ビジネススクールのフランチェスカ・ジーノがこのテーマで研究を発表している。ジーノは2011年に、消費者行動研究学会（ACR）のカンファレンスを利用して調査をした。このカンファレンスは、一般的な学会と同じく、ある程度フォーマルな服装で参加するのが通例だ。ジーノは参加者一人ひとりの服装を記録し、さらに、その人物の学会におけるステイタスを計る指標として、過去に出版した査読済み論文の数と照らし合わせた。

すると、服装がきちんとしているかどうかという点と、発表した論文の数は、反比例の関係にあることがわかった。成功している学者ほど、慣例に従わない服装をする傾向があったのだ。

この実験でわかるのは、ステイタスの高い人ほど慣例を破りやすいという点だけだ。それが他人の目にどう映るかという点はわからない。ジーノはさらにシルヴィア・ベレッツァおよびアナット・ケイナンとの研究で、この点を掘り下げた。実験では被験者159人に、ある「教授」について簡単に説明し、ステイタスと能力を評価するよう求めた。

説明文は二通りあり、同調型として書かれた文章（「マイクは基本的にはネクタイを着用し、ひげはきちんと剃っています」）と、非同調型として書かれた文章（「マイクは基本的にTシャツを着用し、あごひげを伸ばしています」）があった。

被験者はこれを読んで、教授の能力と、この教授が周囲からどの程度尊敬されているかという点を推測し、7ポイント制で評価する。すると、非同調型教授のスコアが平均5・35、同調型教授のスコアは5・00だった。統計的に有意と言える差が生じている。

ジーノらの論文は次のように考察している。

非同調型の行動は社会的コストを伴うことが多い。そのため周囲に同調しない人物を目にした人は、その人物は社会的ヒエラルキーにおいて立場がゆらぐ心配をする必要がない、つまり非同調的行動の社会的コストを気にしなくてもよいほどに、パワフルなポジションにあるのだろうと解釈する。

ジーノはこの考察に「レッドスニーカー効果」という名前をつけた。当時、著名なＩＴ系起業家にビジネス上のドレスコードを無視する傾向が見られたことにちなんでいる。大事な会議にもスーツとネクタイではなく、スウェットシャツやトレーニングシューズで出席する――ときには真っ赤なスニーカーで――という様子を表現したネーミングだった。

2 広告への応用

こうした研究はマーケティングにどんな関連性があるだろうか。スニーカーの話は面白いが、論文で説明されている状況――会議や学会におけるドレスコードやひげ剃りなど――は広告の話とは関係がない。宣伝を作るにあたって、この発見を参考にできる部分はあるだろうか。

そうした疑問を出発点として、私は２０２０年にダンカン・ウィレットおよびサムラン・カウルとともに、より商業性の高いシチュエーションでのレッドスニーカー効果を検証している。被験者には、ブランドネームのわからないクラフトビールの瓶を見せた。いずれも目を引くようなボトルデザインなのだが、４本のうち３本は似通ったスタイルのデザインであるのに対し、残り１本だけ明らかに雰囲気の違うデザインになっている。被験者にはそれぞれのビールの質を評価するよう求めた。

次に、別の被験者グループにも、同じく4本のビールを見せた。4本のうち2本は最初の実験で独特だった1本と、ほかと似通っていた1本だ。さらに新たな2本として、独特だった1本と似た雰囲気でデザインされたビールを並べた。

同じボトルデザインが、ほかのデザインとそろっている場合と、逆らっている場合で、評価に違いが出るかどうか調べるという意図だ。

結果はレッドスニーカー効果のとおりで、ボトルデザインが4本中1本だけ特別だったときのほうが、高い評価がつくことがわかった。ジーノの研究と比べれば差は小さいが(評価は5%高くなっただけなので)、この逸脱は広く社会的な慣例を破ったわけではなく、単にボトルデザインが違うというささやかな逸脱だ。それだけのことで差が出たのだから、もっと大きく慣例を破る工夫をすれば、より大きな効果が生じると考えてよいだろう。

3 レッドスニーカー効果はつねに発動するとは限らない

それなら今すぐ慣例を破る広告を作ろう、と飛びつく前に、このバイアスの微妙な性質について考えておく必要がある。レッドスニーカー効果でポジティブな影響をおよぼせるのは、いくつかの条件を満たした場合だけなのだ。

ブランドでレッドスニーカー効果を発揮したいなら、第一の条件として、そのブランドがすでにステイタスを獲得済みでなければならない。先ほど紹介した「教授」の実験でこの点が証明されている。ひげを生やしているという点が同じでも、その教授の所属が有名大学だと説明した場合と、無名大学だと説明した場合があった。すると、「ひげを生やしている」という非同調性がプラスの印象となるのは、教授が有名大学に属している場合だけだった。

非同調型で、なおかつ無名大学に属している教授の能力に対する評価は、同じ無名大学に所属する同調型の教授と比べて、8%低かった。

非同調型の行動は能力やステイタスに関する他者からの認識を高めるが、それは当人がすでに高いステイタスをもっているという評価があってこそ、当てはまる。このバイアスが既存のステイタスをひっくり返すことはない。すでにあるステイタス評価を強調するだけなのだ。

宣伝したいブランドには、レッドスニーカー効果で強調されるようなステイタスがあるのかどうか、考えてみてほしい。といっても、この点を正直に認めるのは言うほど簡単ではない。人は自分の能力を過信するものだ。[*] マーケターも例外ではない。

私が広告会社ザ・マーケティング・プラクティスとともに行った調査で、マーケティングにたずさわる213人を対象に調べたときも、この点は歴然と結果に表れた。回答者の84％が、自分は同業者よりもいい仕事をしていると答え、45％は「ずっといい仕事をしている」と答えた。

この過信は勤め先にも向けられていた。回答者の79％は、自分が勤めている会社は競合他社よりも優れていると答えた。さらに、競合他社2社と争って新規案件獲得のセールスピッチをするというシナリオを提示すると、回答者の75％が、自社だけで売り込みをかけるシナリオよりも高い確率で、自社が案件獲得に成功するという見込みを答えるのだった。

つまり、あなたがマーケターとして、自社ブランドはレッドスニーカー効果を採用できるほどのステイタスはない、と考えるのであれば、おそらくあなたは正しい。自社ブラン

＊人間の能力過信を示す例の中でも、特に私のお気に入りは、サウサンプトン大学のコンスタンティン・セディキデスによる2013年の研究だ。サウスイースト・イングランドの刑務所に収容されている囚人を対象として調べたところ、この集団でさえ、自分はコミュニティの平均的メンバーよりも道徳心が強い、やさしい、自制心がある、信頼性がある、正直であると答えた。

ドにはステイタスがある、と考えるのであれば、もうちょっと冷静に検討してみたほうがいいかもしれない。

自社ブランドはレッドスニーカー効果を採用できるほどのステイタスはない、と考えるのであれば、おそらくあなたは正しい。

4 意図的であることを示す

ほかにもレッドスニーカー効果を発動する条件として、慣例を破る言動が「あえてやっている」と見てもらえるかどうか、よく確認してほしい。

レッドスニーカー効果を調べたジーノの実験で、このことが示唆されている。被験者141人には、「チャールズ」という名前の男性についての短いストーリーを読ませた。チャールズは、加入しているゴルフクラブのパーティに参加する。フォーマルなブラックタイの着用が求められるパーティだ。

あるシナリオでは、チャールズは黒のボウタイを着用して参加する（同調型の服装）。

別のシナリオでは、赤のボウタイを着用して参加する（非同調型の服装）。さらに、チャールズがパーティの慣例を意図的に破ったのか、それとも間違えたのか、という情報も付け加えた。

被験者はこの説明を踏まえて、ゴルフクラブ会員としてのチャールズのステイタスと、彼のゴルフの腕前を推測した。すると、非同調型の行動が意図的であるという説明だったとき、チャールズのステイタスは17％高くなっていた（同調型の服装だったときと比べて）。一方、その逸脱は間違いによるものだったと説明されたとき、ステイタスの評価は5％低くなっていた。

つまり、レッドスニーカー効果を狙うなら、堂々とした態度でやってみせなくてはならない。「あえてやっています」とわかるようにするのだ。商品に高価な値段をつけるのも、「あえてこういう商品にしている」と示す手段の一つになる。論文ではこう解説されている。

非同調型の商品を売り込むにあたり、価格は、意図的であるという認識を得るための重要な要因となるだろう。高価格をつけた非同調型ブランドは、非同調型の人間こそが世間一般で言うところのステイタスシンボルを買えるのだ、というシグナルを送っている。

5　オーディエンスは対象を見知っているか

最後にもう一つ、レッドスニーカー効果を弱めてしまう条件として、打ち破る規範や常識をそもそも人々は知っているのか、という問題がある。ジーノの研究チームがイタリアのミラノでこれを実験した。被験者は109人の女性。そのうち52人は、アルマーニやバーバリーといった高級アパレル店で働いている。残りは地元の地下鉄で参加をつのった一般人だ。

被験者には、一人の買い物客に関する架空のシナリオを読ませる。あるシナリオでは、買い物客はその場にふさわしい服装をしている。

冬のミラノの繁華街で、女性が高級ブティックに入ってきたと想像してください。年齢はおそらく35歳。ワンピースに毛皮のコートを着ています。

別のシナリオでは、この女性は非同調型で、ジムウェアにジャケットという驚くほどカジュアルな格好で高級店に来る。

被験者のうち、高級ブティックという環境をよく見知っている52人は、非同調型の買い物客のステイタスを高く評価する傾向があった。同調型と想定した場合のステイタス評価が7ポイント制で3・8で、非同調型と想定した場合は4・9。29％もの差がついている。

ところが一般人の被験者による評価は正反対だった。高級ブティックという場面にさほどなじみのない女性たちは、ふさわしい服装をしている買い物客のほうが、非同調型の買い物客（3・5）よりもステイタスが高いと評価した（5・7）。

そもそもなじみのない環境では、非同調型の行動を見ても、それをステイタスが高い証拠だと認識しない。つまりマーケティングでレッドスニーカー効果を最大限に発揮させたいなら、そのブランドや商品カテゴリーをよく知っている消費者層をターゲットにする必要があるというわけだ。

私はこのレッドスニーカー効果が大好きなのだが、当然ながら、すべてのキャンペーンでこれを利用すべきという話ではない。研究で明らかになっているとおり、すでにある程度のステイタスを確立しているかどうかなど、特定の条件がそろわなければ効果は出ないからだ。

逆に言えば、正しい場面でレッドスニーカー効果を活用すれば、ステイタスの印象が高まる確率が高い。しかも面白いことに、一つの面での評価が高いと、ほかの面にも波及してイメージアップする可能性がある。これをハロー効果と言う。次の章でとりあげてみたい。

第14章 ハロー効果

The Halo Effect

遠く離れた看板がぼんやりとしか読めなくて、必死に目を細めている自分に気づく。そんなことが今週2回もあったので、あなたは眼科に行くことにした。いつもの医院は今日の午後は予約がいっぱいだと言われ、イライラしながら、別の眼科に予約を入れる。

時間どおりに到着したのに、受付が混雑している。数分待たされてから診察室に入ると、医師があなたに向かってヌッと手を突き出した。握手をしたが、相手が力をこめずに適当な握手をするので、気分が悪い。あなたの頭の中にとげとげしい思考が駆け回る。この眼科にしたのは失敗だったんじゃないか？　診察はちゃんとしてくれるのか？

何か一つ気になる点があったとき、それで相手の性質全体について結論を出してしまう。よくあることだ。１９２０年にコロンビア大学の心理学者エドワード・ソーンダイクが、このような決めつけはごく一般的に起きると明らかにした。ソーンダイクの実験では、被験者となった陸軍将校に、体格、自発性、忠誠心、きれい好きかどうかなど、31種類の資質で新兵について評価させている。

結果を見ると、新兵の評価は、まったく無関係な資質同士が驚くほど強固に連動していたことがわかった。たとえば外見など、ある資質において一人の兵士を高く評価した場合、統率力など、別の資質においてもその兵士に平均を上回る評価をつける。一つのポジティブな特徴があれば、ほかの特徴の印象もよくなるという傾向を、ソーンダイクは「ハロー効果*」と名付けた。

実験によるエビデンス

本当にそんなふうに評価が連動するのか疑わしく思うかもしれないが、エビデンスはほかにも確認されている。1977年にミシガン大学のリチャード・ニスベットとヴァージニア大学のティモシー・ウィルソンが、より制御された環境で、ハロー効果の実験をした。被験者となった118人の学生は、2グループに分かれて、ベルギー人の講師が英語で話をするビデオを見た。講師の英語には強い訛りがある。第1グループが見たビデオでは、温厚そうでフレンドリーな様子で喋る。第2グループが見たビデオでは、同じ人物が冷たく、人間味のない雰囲気で喋る。仕草の癖や訛りはどちらも同じだ。

被験者はこの講師の好感度、外見、仕草、訛りについて評価をする。予想がつくかもしれないが、温厚な講師のほうが、冷たい講師よりも好感度が高く、72%もの差がついた。

ところが温厚な講師は、その他の指標においても、冷たい講師よりも評価が高かった（外見と訛りではほぼ100%、仕草については53%ほど、高く評価された）。客観的に考

＊ハロー効果という言葉は一般に、一つのポジティブな特徴によって、ほかの無関係な特徴もよい評価になることを指す〔訳注 「ハロー」は「後光」という意味〕。これに関連した現象として「ホーン効果」がある〔訳注 「ホーン」は「悪魔のツノ」という意味〕。似たような状況だが、こちらはネガティブな特徴によって、ほかの無関係な性質も悪く評価されることを指す。1974年、ハロルド・シゴールとデイヴィッド・ランディという研究者が、最初にホーン効果について発表した。

えれば人間としての好感度で外見が違って見えるわけがないし、仕草や訛りの評価が変わるはずもないのだから、これは興味深い結果だ。

ソーンダイクならおそらくわかっていたことだと思うが、評価は「客観的に」されるとは限らない。そしてハロー効果は兵士や学生だけに生じるものでもない。商業的な場面でも見られる。私がジョアンナ・スタンレーとともに行った実験では、イギリス人の被験者404人に架空の青果店に関する説明をして、その青果店の品ぞろえがどれくらい充実していると思うか尋ねた。被験者の半分には、その店の看板に誤字（間違った位置にアポストロフィ「’」がついている）があると教えた。残りの半分の被験者には、そのようなミスはないという設定で説明をした。

結果は歴然としていた。誤字について聞いていた被験者たちは、誤字の話を聞かなかった被験者たちと比べて、その店の品ぞろえは悪いという答えが17％多かった。

客観的に考えれば、店主の文法能力と店の品ぞろえは別の話だ。にもかかわらず、実際にはそう受け止められなかった。被験者は、気づきやすい具体的な要素（いい加減な看板）を利用して、無関係の、しかし答えの出しにくい要素（品ぞろえ）について予測を立てるヒントにしたというわけだ。

消費者は、気づきやすい具体的な要素を利用して、無関係の、しかし答えの出しにくい要素について予測を立てるヒントにする。

ハロー効果が生じる理由

ハロー効果がしょっちゅう起きるのは不思議でも何でもない。ハロー効果には大切な役割がある。生活のあれこれが楽になるのだ。

毎日の生活で出会う物事のすべてをいくつもの指標で細かく評価するのは面倒だし、時間もかかる。一番はっきりわかる性質をヒントにして、それ以外のわかりにくい要素を推し量るための代理指標にしたほうが、物事は迅速に判断できる。

ダニエル・カーネマンは著書『ファスト&スロー』でこう説明している。

「まさにこれが直感的なヒューリスティクスの本質だ。人は難しい疑問を目の前にすると、その疑問とは別の簡単な疑問に対して答えを用意することが多い。たいていの場合は、自分が問いを置き換えてしまったことを自覚していない」

行動科学を応用するには

1 マーケティング目標を遠回しに達成する

ハロー効果をマーケティングに活用して、遠回しに狙いを達成することもできるだろう。ある領域で際立った成功の部分があれば、それが無関係な特徴についてもイメージをよくするので、本当の目標が間接的に叶うというわけだ。たとえば品質に対する消費者の認識を高めることが本当の目標である場合に、代理指標として、好感度を上げる工夫をすればいい。

だが、できるからといって、そうすべきであるとは限らない。ハロー効果で多くの指標が連動するとはいえ、必ずそろって動く保証はないからだ。指標が完璧に連動しないのなら、間接的なアプローチが無駄になる可能性もある。ブランドの好感度を大きく高めても、品質の評価はちょっとしか変わらないということもありえる。

だとすれば、この作戦はいつ使うのが得策なのだろう。ハロー効果を狙うのが合理的かどうか、検討する必要がある。

2 ブランドが有名ではない場合は、ハロー効果を重視する

ハロー効果を活用すべきタイミングの一つが、コロンビア大学のバーバラ・コルトフによる1962年の研究で発見されている。対象が比較的無名であったときにハロー効果がパワフルに作用するというのだ。

実験では、被験者にいくつかの人物評を読ませた。「若い男性。あなたはこの人を知っていて、好感をもっている」とか、「高齢男性。あなたはこの人が嫌いで、よく知らない」などだ。

被験者は次に、この描写に当てはまりそうな知人を思い浮かべる。そして、思い浮かべた知人について、つきあいやすいタイプか敵対的なタイプか、忠誠心が強いタイプか嫉妬心が強いタイプか、合計47種類の性格的特徴を評価する。

よく知らない知人を思い浮かべた被験者は、その人物の性質を〝一事が万事〟として評価する傾向が強かった。よく知っている人物を思い浮かべた被験者よりも、一つの評価が

ほかの評価に影響していたという意味だ。

ここから推測できるのは、ハロー効果は不確実性の高い状況で発揮されやすい、という点だ。ある人物、あるブランドと最低限のかかわりしかないなら、すべての性質について個別に解釈するチャンスがあったはずもない。裏を返せば、新しいブランド、知名度が限られているブランドであるほど、一つの特徴について宣伝することで、ほかの特徴も含めたイメージを変えられるというわけだ。

3 抽象的な性質を伝えたいなら、ハロー効果を優先する

ハロー効果を活用するシチュエーションとして、さらに重要なのは、確かめにくい指標の評価を高めたい場合だ。歯磨きブランドの例で考えてみたい。この歯磨き粉で歯垢を除去できます、という謳い文句で宣伝をするとしよう。この場合、主張の信頼性を消費者が自分で評価するのは難しい。効能を誇張しているか、それとも真実を述べているのか、判断するすべがない。そこで消費者は別の指標、比較的曖昧でない指標に過度に頼ることになる。

この消費者心理の解釈はきちんと裏付けがある。1978年にアラバマ大学のウィリアム・ジェームズが、抽象的であることがハロー効果の強度にどう作用するか調査した。実験では、被験者に17の都市について、9種類の特徴をもとに評価するよう求める。特徴は、人口や年間降雪量のような具体的なものもあれば、夏の心地よさや文化活動の質など、抽象的なものもあった。

個々の特徴に対する評価が連動しているかどうか調べると、抽象的な特徴のほうが、具体的な特徴よりも、はるかに連動しやすいことがわかった（抽象的な特徴の連動スコアが0・34、具体的な特徴は0・15）。

スイス国際経営開発研究所（IMD）の教授フィル・ローゼンツワイグが、その名も『ハロー効果（*The Halo Effect*）』という著書〔訳注　邦題は『なぜビジネス書は間違うのか――ハロー効果という妄想』〕で、こう指摘している。

私たちは、関連があり、具体的で、おそらく客観的と思われる情報に飛びつき、それを参考にして別の特徴、もっと曖昧で抽象的な情報を判断しようとする傾向がある。

宣伝したいブランドの性質が曖昧で抽象的なら、ハロー効果を利用するのが得策というわけだ。

だとすれば別の疑問が生じる。ハロー効果を引き起こすために、なんらかの指標を目立たせたいときは、どの指標を選べばいいだろう？　ハロー効果を狙うべきタイミングがわかったなら、それを活用する方法も知っておかなければならない。ブランドの特徴のうち、どの評価を高めれば、本当の目標を間接的に達成することができるのだろうか。

キーワードは「具体的」だ。受け手がたやすく把握できる特徴でなければならない。そして、人が瞬間的に判断しやすい特徴二つといえば、好感度と審美性。どちらもハロー効果を発動させやすいことが証明されている。

4 ブランドの美しさを強調して、ハロー効果を発動する

審美性のほうから考えてみよう。昔から言われている説として、美しいかどうかという解釈は、ほかの特徴もひっくるめた解釈になりやすい。詩人のキーツが「ギリシアの壺に寄せて」という詩で書いた描写は有名だ。

彼らにこう言うのだ、
「美は真理であり、真理は美である」と。それが
おまえたちがこの世で知り、知らねばならぬすべてだ。
〔訳注 「ギリシャ古壺のオード」『キーツ詩集』中村健二訳、岩波文庫、2016年、316ページ〕

1820年にこの詩を書いたキーツは時代の先を行っていた。美醜という形ある特徴について人が瞬間的な判断を下すことも、その印象がほかの特徴の印象まで決めてしまうことも、近代の研究で確かに解明されている。

ミネソタ大学のカレン・ディオンによる1972年の研究では、被験者60人に3人分の顔写真を見せ、写っている人の性格と、その人の人生がどれだけ順風満帆であるか、推測するよう求めた。「この人は興味深い人物に見えますか」「誠実そうですか」「どれくらい幸せだと思いますか」などの質問をしている。

見せた写真は適当に並べたものではない。あらかじめ別の調査で、「魅力的」「平均的」「魅力的ではない」と認識されることが確認された写真を、今回の3枚として選んであった。

結果を見ると、写真に写る人物が魅力的かどうかが、その人物の性格の評価に影響をお

よぼしていた。全体として、魅力的な顔の人物は、そうでない人物と比べて性格のよさが16％高く判断され、人生の充実度も高く評価されていた。

審美性のハロー効果は実験だけではなく、現実世界でも確認されている。１９７４年にトロント大学のマイケル・エフランとＥ・Ｗ・Ｊ・パターソンの研究で、カナダの連邦選挙の結果について調査した。すると、外見のよい候補者のほうが、外見のよくない候補者よりも、２・５倍以上の票を集めていることがわかった。

マーケティングについて知りたくて本書を読んでいるあなたは、政治家の外見の話なんか関係ないと思うかもしれない。だが、外見の印象をほかの特徴にも敷衍して解釈するという法則は、商業的な領域でも証明されている。

日立製作所デザイン研究所の黒須正明と鹿志村香による１９９５年の研究で、被験者２５２人にＡＴＭのユーザーインターフェイスを26パターン見せ、画面構成について３つの点で評価するよう求めた。まずは審美性。そして使いやすそうかどうか。最後に実際に試させて、使用感を尋ねている。

すると、インターフェイスの見た目が魅力的であればあるほど、被験者はそれを使いやすそうだと考える傾向があった。ところが実際の使用感の評価は、審美性の評価とは連動していなかった。「使いやすそう」という認識だけが、見た目の評価に強い影響を受けていたのである。

この発見はマーケティングという点からも興味深い。品質のような、形のない価値に対する評価を高めたいなら、デザインの美しさが一助になる。抽象的な価値については「信頼性が高い商品です」などと主張することしかできないが、デザインならば工夫の余地があるものだ。できるだけ見栄えのいい商品にすればいい。

5 好感度を高めることで、ハロー効果を発動する

次に、好感度について考えてみよう。美しさと同じく、人や商品が好ましければ、その好感度がほかの長所もすべて象徴していると思われやすい。

ステッソン大学のキャロリン・ニコルソンと、クラークソン大学のラリー・コンポーおよびラジェシュ・セティによる2001年の研究が、販売員と買い手のあいだに生じる信頼性と好感度の関係を調べている。

実験ではビジネスの経営や運営に携わる人238人に、主に利用している下請サービスの営業担当者の好感度と信頼性について評価をつけさせた。結果を見ると、好感度は信頼

性に大きな影響をおよぼしていることがわかった。好感度のスコアが高ければ高いほど、その営業担当者は信頼できるとみなしていた。

同じことは無関係の評価でも起きる。私がジョアンナ・スタンレーとともに行った実験では、161人の被験者に、あるレストランに行くというシナリオを提示し、質問をした。「今説明した店の店主が税金を期日までに払っている可能性はどれくらいだと思いますか」。

被験者の半分には、店主が客をフレンドリーに歓迎した、という設定で説明していた。残りの半分の被験者には、店主が不愛想だったという設定にしていた。愛想のよさは税金支払いの几帳面さとは無関係だというのに、被験者の認知に影響をおよぼした。塩対応だったシナリオと比べると、フレンドリーだったシナリオのほうでは、店主が期日どおりに税金を払うという答えが37%多くなっていた。

ローゼンツワイグが考察していたように、形のない資質を評価するのは厄介なので、人は無意識のうちに代替として、もっとシンプルな問いを立てる。「この人に好感をもてるだろうか?」などと考え、その答えを別の資質の答えとして流用するのだ。

この発見は応用しやすい。ブランドはさまざまな状況において、信頼性や品質のような形のない性質について、消費者から高い評価を勝ち取らなければならない。マーケティングではこの課題に真正面から取り組んでしまうことが多いのだが、ここまで見てきた実験を見る限り、遠回しの作戦で、むしろ好感度を高めることに尽力したほうがよいというわけだ。

好感度を高めるということなら、マーケターにとっては取り組みやすい課題だ。30秒のコマーシャルで視聴者を笑わせたり、ウィットを発揮したりして、全般的な好ましさを感じさせればいい。好感度は、視聴者から見て把握できる資質として発揮しやすい。その点で信頼性や品質は、広告で理解させたくてもただただ訴えるしかないので、納得しやすさという点では弱いのだ。

いやいや、そう単純な話ではないだろう――と読者は思っているかもしれない。好感度なんて、言葉で言うのは簡単だが、どう発揮すればいいのか？　難しいのはここからだ。次の章で説明したい。

第15章 ウィットのパワー

The Wisdom of Wit

エネルギー切れだ。あなたはオフィスを出て、カフェインを注入しに行くことにした。エスプレッソをあおって元気を取り戻す。

それから目が合った店員に会計をしたいと仕草で頼んだ。

会計を待ちながら、チップはいくらにしようかと逡巡する。手元にある小銭の種類が少ないので、10％で払うか、20％で払うか、どちらかを選ばないといけない。

サービスを思い返す。あの店員は愛想がよかった。ちょっとしたジョークも交わしたくらいだ。

ここでケチって何になるだろう。あなたは20％のチップを出すことにした。

こんな反応はめずらしくない。南ブルターニュ大学のニコラ・ゲガンの研究で、ジョークを言う店員はチップの額が多くなることがわかっている。

ゲガンは2002年に、海辺のバーを訪れた客211人で実験をした。エスプレッソを飲み終えた客に、店員が会計を伝えるとき、ジョークをまじえる場合とまじえない場合に分けた。たとえばこんな感じのジョークを言う。

イヌイットの男が、映画館の前で彼女を長いこと待っていたんです。だんだん寒くなってきた。寒さに震え、怒りにも震えながら、男はコートを開いて温度計を取り出し、こう言いました。「華氏15度になっても来なかったら帰るからな!」

〔訳注　一般的には時計を見て「あと15分待っても……」と言いそうな場面で、温度計を出して怒るのがおかしいというジョーク。華氏15度は摂氏マイナス9度〕

ジョークを聞かなかった客たち（こちらを対照群とする）では、19%がチップを置いていった。ところがジョークを聞いた客は42%がチップを置いた。額にも影響があり、ジョークを聞かなかった客が払うチップは会計の16%だったが、ジョークを聞いた客はそれを大きく上回り、会計の23%に相当するチップを払っていた。

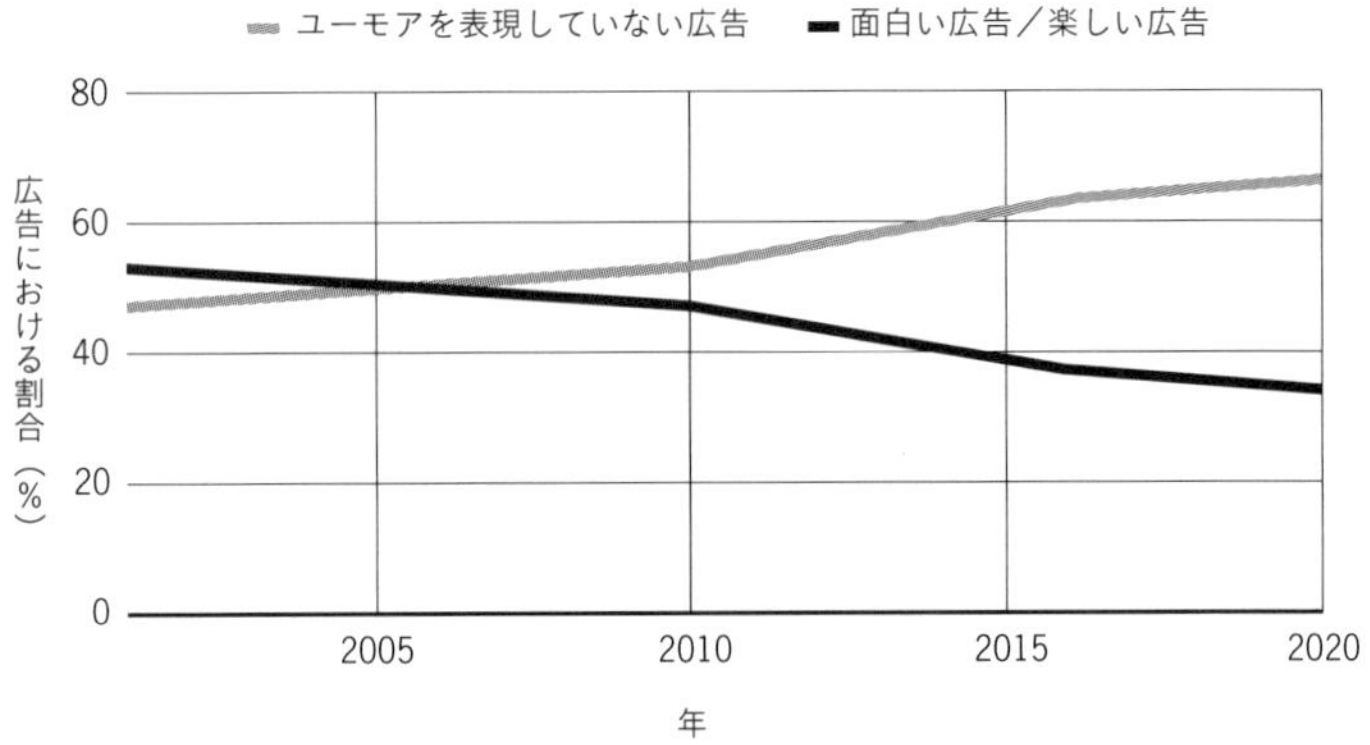

出所：カンター社の分析データから転載

ユーモアで商業的利益を増やせるのだから、実に興味深い研究だ。だが、言われてみれば当たり前のことにも思える。広告の作り手はそんなことはとっくに知っているはずではないのだろうか。

おそらく昔は知っていたのだ。ところが、広告業界全体で、年々まじめなムードが広がっているらしい。調査会社カンターが世界各地の広告20万件以上を調べた分析を見ると、15年以上前から、広告をまじめにするトレンドが始まっている。2004年の時点では、全体の半分を超える53％の広告が面白いもの、楽しいもの――少なくとも、そうであろうと試みたもの――だったが、それ以降はずっと減少傾向にある。今の広告は過去最高にまじめだ。ユーモアを示そうとする広告はたった34％しかない。

ユーモアが減少している理由はさだかではない。

複数の国で同じキャンペーンを展開することが多くなり、ジョークが伝わらない懸念があるのかもしれない。ほかにも説得力のある説明としては、ブランドのパーパス（存在目的、意義）を慎重に伝えようとする広告が増え、笑いを入れる余地が少なくなったとも考えられる。広告関連の賞の審査団が、さまざまな国の代表者で構成されるようになり、言語よりも視覚に訴える作品が評価されやすくなった、という説もある。広告会社は新規案件を得るために受賞歴が欲しいものなので、そうした利己的な理由から、ユーモアはあまり使いたがらなくなったのだという。

どんな理由があるにせよ、ユーモアを避けるのはおそらく間違いだ。そう考える根拠は二つある。

第一の根拠は、面白いものは記憶力を高めるという点だ。

ロマリンダ大学のグリンダー・ベインズらの研究チームは、2014年に、高齢者20人を対象とした調査を実施した。まず被験者全員に単語の暗記テストを受けさせ、それをベースラインとした。次に、被験者の半分は20分間のユーモラスな動画を見る。残りの半分（対照群）は20分間静かに座っている。それからふたたび同じ暗記テストを受ける。二度目なので、どちらのグループもベースラインのスコアを上回っていたが、ユーモラスな動画を見ていたグループのスコアの伸びは44％、そうでない対照群は20％で、2倍の差がついていた。

ユーモアが記憶力を高めるのは実験の場だけではない。現実世界でも同様の効果は証明されている。

テルアビブ大学の心理学者アヴナー・ジブは、統計学の講義を履修する学生を対象に実験をしている。2014年に学術誌『ジャーナル・オブ・エクスペリメンタルエデュケーション』で発表された論文によれば、実験は学生たちを2グループに分けて行われた。片方のグループはユーモアをまじえた教材で講義を受け、もう片方のグループはまじめな教材で講義を受ける。すると結果は歴然としていて、笑いながら学んだ学生たちのほうが、試験の点数が11%高かった。

この発見は広告作りにすぐさま役立つ。何しろ広告の第一の目的は記憶してもらうことだ。ブランドが記憶に残っていなければ、買うかどうかの検討すらされることもない。

広告の第一の目的は記憶させること。

笑わせることに力を入れるべき第二の根拠は、ウィットとステイタスに強い結びつきがある点だ。T・ブラッドフォード・ビタリー、アリソン・ウッド・ブルックス、モーリス・E・シュバイツァーによる2017年の研究では、被験者に、架空の旅行会社「ヴィジットスイス」のために、スイス旅行の感想を発表するよう求めた。最初に発表する二人は、実は実験のサクラだ。この二人のうち一人はまじめな感想を話す。山について語り、スキーとハイキングを楽しめるすばらしい場所だと述べる。もう一人はユーモアを付け加えて話す。「とにかく山がいい。スキーをするにも最高、ハイキングにも最適。国旗のおかげでプラスな印象ばかりですね！」

発表のあと、プレゼンターに評価をつけるのだが、被験者はユーモアをまじえて感想を発表した人のほうを高く評価した。有能であるという評価は5％高く、自信にあふれているという評価は11％高く、そして地位が高い人であるという評価は37％高かった。

同じことはほかの研究でも確認されている。個々の例も参考になるが、メタ分析によるエビデンスが一番堅牢だ。先行する高品質な研究の数々を洗い出し、多数の統計手法を用いてそれらの結果を統合し、共通するパターンを浮かび上がらせるのがメタ分析である。

広告のユーモアに関する最新のメタ分析としては、ヴィアドリナ欧州大学のマーケティング学教授マーティン・アイゼントが2011年に発表した研究を紹介したい。このテーマで1960年から2004年のあいだに発表されたユーモアに関する高品質な論文38本を特定し、それらを網羅して調べている。

分析によって統計的に重要と言える発見が7つ見つかった。ユーモラスな広告は、広告における次の指標にプラスに作用する傾向があったのだという。

・広告に対する態度（どう受け止めたか）
・ブランドに対する態度
・関心
・肯定的な感情
・否定的な感情の低減
・（何より重要な点として）購入意向

7つめの相関関係は「信頼性」だが、これに関してはむしろユーモアがマイナスに作用することが確認された。一方で、一番大きな影響があったのは、「関心」と「広告に対する態度」だった。

学術研究以外でも、ユーモアの利点は確認されている。マーケティング専門家レ・ビネとピーター・フィールドは、広告の経済効果を評価する賞「IPAエフェクティブアワード」での2012年から2020年までのエントリー作品243件を分析した。すると、ユーモアの要素を含んだキャンペーンは、ビジネスにもたらす効果が大きかったことがわかった。ユーモラスなキャンペーンの経済効果のスコアは1・7、そうでない広告は1・4だった。

行動科学を応用するには

1 ユーモアを作戦として使うことをもっと重視する

こうしたエビデンスの重みを考えると、マーケティングでユーモアを避けるのは得策ではないようだ。一般的に、消費者の関心を引きたい、肯定的な連想をさせたい、購入意向を高めたいと思うなら、ユーモラスな方法で伝えるのが有効な作戦なのである。

イギリスの伝説的広告会社ＢＭＰの創業者、マーティン・ボースの言葉に、ぜひ耳を傾けてほしい。

誰かのリビングルームにお邪魔したならば、家主に向かって怒鳴ったり、退屈させたり、相手の知性を軽んじたりしてはいけないということは誰でも知っている。反対に、こちらが気持ちのいい客人として、家主を楽しませたり、笑わせたり、面白い話を聞かせたりすれば、きっと少しは気に入ってくれる。そしてこのブランドを買おうという気になる。

2 不愉快な事実を伝えるときほど、ユーモアで

しかし、考えるべきはユーモアは本当に効果的かどうかということよりも、「いつ」ユーモアが効果を発揮するのかという問いだ。

ユーモアが特に効果的になるシチュエーションの一つは、人が聞きたがらない話題を伝える場合だ。たとえばジムの広告で、運動嫌いでお菓子好きの人に向けて、座りっぱなしのライフスタイルがはらむ危険について伝えるとしよう。こうしたコミュニケーションは「オストリッチ効果」を引き起こし、聞かされた人がマイナスの情報に耳をふさいでしま

うかもしれない〔訳注　「オストリッチ効果」とは、敵を察知したダチョウ（オストリッチ）が砂に首をつっこんでやりすごそうとする、という説に由来している〕。

これをマーケティングに一番関連ある形で証明したのが、カーネギーメロン大学のジョージ・ローウェンスタインとデュアン・セッピによる2009年の研究だ。彼らはアメリカとスウェーデンの株式投資家がどれくらい頻繁にポートフォリオをチェックするか、アメリカの資産運用会社バンガードとスウェーデンのプレミアム年金運営機関PPMのログインデータを使って調べた。

すると、株式市場の浮き沈みによって異なる行動パターンが見られた。市場が1%上昇すると、ポートフォリオをチェックする頻度はアメリカの投資家で5～6%、スウェーデンの投資家で1%増える。よいときは何度も情報をチェックしたがるのだ。その一方で、論文の考察によれば、人々は「自分を不安な気持ちにするであろう情報に触れることを忌避」していた。

そこでユーモアの出番だ。望ましくない情報をつきつけられた人が、頭を砂の中に埋めて見ないことにしたい気分になるのだとすれば、ユーモアの力で、その負の感情を多少なりともやわらげることができるのではないか。

2012年にオーストラリアのメルボルン鉄道が公開したキャンペーン「おバカな死に

方（Dumb Ways to Die）」は、まさにそのことを教えている。青少年の鉄道関連の事故を減らしたいが、なまなましい映像で描写すれば怖がらせてしまい、きちんと受け止めてもらえないかもしれない。そこで考案されたのが、底抜けに陽気なメロディと、かわいらしいキャラクターの登場する映像で、世にもおそろしい死に方の数々を列挙するというコマーシャルだ——とりわけ電車にはねられるのが一番「おバカな死に方」だ、と歌っている。あの歌を聞いたことのない人のために、ダークなユーモアをただよわせた歌詞の冒頭を紹介しよう。

自分の髪に火をつけちゃう
でっかいクマを棒でツンツン
使用期限切れの薬を飲んじゃう
身体の大事な場所をピラニア釣りのエサに
おバカな死に方だね
おバカな死に方がいっぱいあるね……

動画の再生回数は2億回。500万人が友人にシェアをして、公共広告の共有回数としては史上最高になった。そして何より重要な点として、このコマーシャルは人々の行動に影響を与えた。公開されてから3カ月間の鉄道関連の事故は、前年同期と比べて、21%少なくなった。

著名メディアプランナーのサラ・カーターが、これを絶妙な表現で説明している。

スプーンを飛行機に見立てて幼児に食事をさせた経験がある人なら、誰でもわかるはずです。言うことを聞いてほしいなら、叱りつけてはだめ。楽しくやらなければ。そのほうが気に入られますし、実際に効果的なのです。

3 ファンに向けたメッセージなら、ぜひユーモアを

ちょっとしたおふざけが奏功するのは、受け入れがたいメッセージを伝えるときだけではない。ユーモアが役に立つ別のシチュエーションとして、ブランドに人気がある場合、もしくは愛用者に向けて呼びかける場合が挙げられる。このときユーモアは絶大な効果を発揮する。

	ユーモラスなコマーシャルを見た	ユーモアのないコマーシャルを見た
ブランドにポジティブな印象	67%	40%
ブランドにネガティブな印象	20%	38%

出所：チャットパディヤイおよびバスーの論文から転載。パーセンテージは、宣伝対象のペンを選び取った被験者の数

このアプローチについては、マギル大学のアミタバ・チャットパディヤイおよびクナル・バスーによる1990年の研究がエビデンスを示している。彼らの実験では、被験者80人に、なじみのないブランドのペンに関する解説を読ませた。被験者のうち半分が読んだのはブランドを褒めたたえる文章で、残りの半分が読んだのは、ブランドをこきおろす文章だ。

それから被験者全員が、そのペンのテレビコマーシャルを見る。今度は被験者のうち半分がユーモラスなコマーシャルを見た。残りの半分がユーモアのないコマーシャルを見た。ユーモア以外の部分はすべて同じだ。

コマーシャルを見たあと、被験者は一連の問いに答える。最後に、参加のお礼としてプレゼントがあると言われる。「4本のペンのうち、どれかをお持ち帰りください」。4本のうち1本は、ずっと説明されてきたブランドのペンだ。残りの3本は無関係のペンだ。

宣伝されていたペンを選ぶかどうかの割合は、最初の説明が褒

めていたかけなしていたか、コマーシャルにユーモアがあったかなかったかで、右の表のように違いが出た。

どちらの広告が効果的か、それは被験者が最初にブランドにどんな印象をもっていたかによって左右されていた。そのペンは高品質である、という印象に誘導されていた被験者には、ユーモラスな広告のほうが格段に効果的だった。

ところが、被験者がブランドについてネガティブな印象に誘導されていた場合には、結果がひっくり返る。このときは、ユーモアのない広告のほうが、そのペンを欲しいと思わせる力を発揮していたのだった。

この研究は、商品を推す際に考慮すべき微妙な差異を教えている。ブランドに力があるなら、あるいはすでにメッセージを受け取っている相手に向けて商品を推すのなら、ユーモアはきわめて効果的だ。しかしブランドイメージが好印象で確立しているわけではないのなら、おふざけはやめておいたほうがいいだろう。

4 ユーモアのインパクトを最大化するもの——受け手のごきげん

最後にもう一つ知りたいのは、面白い広告のインパクトを最大化する方法だ。テキサス大学のフランク・ウィッカーによる1981年の研究で確認された発見が興味深い。ウィッカーが調べたのは、気分や機嫌がジョークの評価に影響するか、という問いだ。

実験の被験者125人は、まず、今の自分の気分について評価をつける。次に37種類のジョークを読み、それぞれの面白さについて「まったく面白くない」から「非常に面白い」までのあいだで評価する。集計結果を見ると、被験者の気分がよければよいほど、ジョークの評価も高くなっていたことがわかった。ジョークを投げかけたいなら、相手の機嫌がいいときを狙うべし、というわけだ。

一方で、市場調査会社ミルウォード・ブラウンが2007年に発表したレポート「広告でユーモアを利用するべきか？（Should I use humor in advertising?）」は、一つ警告を発している。この論文によれば、ユーモアは人々を楽しませ、かかわりをもたせることができるのだが、それがもっとも効果を発揮するのはジョークとコア・メッセージがそろっている場合だ。伝えたい大事な主張と無関係なユーモアを入れると、広告の中でそればかりが目立ち、ブランドの存在をかき消してしまう危険性がある。

要するに、こういうことだ。ユーモアを利用するなら、賢く利用すること。ジョークを適切に扱えば、記憶に残りやすく、ブランドのステイタスも高められる。しかし脈絡のないジョークを放り込んだら、かえって裏目に出るかもしれない。

さて、行動科学を学ぶ私たちの旅も、残念ながらそろそろ終わりに近づいてきた。さよならを言う前に、もう一つ紹介したい話がある。本書の中で一番面白い——と私が思う——実験もいくつか入っているので、読者のあなたにも共感していただけることを期待している。何であれ、終わりよければすべてよし、なのだから。

第16章 ピーク・エンドの法則

The Peak-End Rule

慌ただしい一日だった。膨大な作業をやっつけ、買い物もして、眼科にも行った。今日の出来事を振り返っていると、朝の顧客会議でのはずかしい失態を思い出した。うっかり初対面だと誤解した女性担当者の名前は何だっけ……。アン？　アナ？　アーニャ？　それともアナベラだった？

よく憶えていない。自分の記憶力の悪さがほとほといやになる。

記憶にムラがあるのはふつうのことだ。記憶のいい加減さについては昔から鋭い指摘の声がある。作家のジェーン・オースティンも、『マンスフィールド・パーク』という作品で、登場人物にこう語らせている。

記憶の力、記憶の欠如、人による記憶の違いといったことには、私たちの知性の他の要素に比べて、特によく分からないものがありますね。記憶というのは、とても優れていて、とても役に立って、私たちの意のままになってくれるときもあるかと思えば、時には非常にごちゃごちゃしていて頼りないものにもなるし、横暴で手のつけられないものになるんですもの。

〔訳注 『マンスフィールド・パーク（上）』新井潤美／宮丸裕二訳、岩波文庫、2021年、367ページ〕

人間の脳にはすべての記憶を保管しておけるほどの容量がない。だからすべての記憶を残すのではなく、起きたことの断片をとらえる。作家のミラン・クンデラは、『不滅』という作品の中で、登場人物の考えとして「記憶は映画ではなく写真を撮る」と書いた。人は出来事を流れとして憶えるのではなく、一瞬一瞬を切り取る形で心に刻むという意味だ。すべて平等に記憶しない私たちの脳は、出来事全体の中でも、特に意識に引っかかった要素があるかどうかで違う憶え方をする。

では、意識にひっかかってこびりつく場面を作り出すにはどうすればいいか。心理学がそのヒントを教えている。本章はその理論の一つ、「ピーク・エンドの法則」について説明したい。「ピーク・エンドの法則」とは、体験した出来事のピーク、すなわち一番楽しかった部分や一番楽しくなかった部分、そして体験のエンド、すなわち一番最後の瞬間が、人の記憶に残りやすいという発見のことだ。

体験した出来事の中で一番楽しかった部分（もしくは、一番楽しくなかった部分）と、その体験の一番最後の瞬間が、人の記憶に残りやすい。

これに関するエビデンスを最初に打ち出した研究の一つが、トロント大学のドナルド・レデルマイヤー、そしてダニエル・カーネマンが１９９６年に発表した論文だ。

二人は大腸内視鏡検査を受ける患者を対象に調査をした。ご存じない方のために説明すると、大腸内視鏡検査は医師がカメラを直腸に挿入し、炎症組織やポリープがないかどうか検査をするというもので、当時は今よりも苦痛を伴う体験だった。

実験への参加に同意した患者に専用の装置を渡し、検査中1分ごとに、そのときどきに感じている苦痛のレベルを記録してもらう。検査が終わったあとにも、どれくらい苦痛だったか、あらためて評価する。評価は2回。検査を受けた直後と、検査の1カ月後だ。

興味深いことに、振り返っての評価は、検査進行中の苦痛の平均レベルとは一致していなかった。評価を決めていたのは、ある二つの瞬間の体験だ。苦痛のピークでは、どれくらい辛かったのか。そして検査の一番最後の瞬間には、どの程度苦しかったのか。その二つの瞬間しだいで、記憶に刻まれる印象が変わっていたのである。

この話はマーケティングにどう応用できるだろうか。

行動科学を応用するには

1 決定的な場面にフォーカスする

ある瞬間がその他の瞬間よりも決定的な意味をもつという発見は、マーケティングのフォーカスをどこに置くべきかという点を検討する際に役に立つ。

大腸検査なんてマーケティングには関係ないのだから、応用できないと思うかもしれないが、実はピーク・エンドの法則は大腸検査だけでなく、さまざまなシチュエーションで確認されている。マーケティングに関連のある例としては2008年に、ダートマス大学の心理学者三人、エイミー・ドゥーとアレクサンダー・ルパートとジョージ・ウォルフォードが、ピーク・エンドの法則が商業的な場面でも当てはまるかどうかを調べた。

実験ではチャリティくじを用意した。寄付をして当せんすれば映画のDVDがもらえるというくじだ。そして寄付をした人100人に当せんメールを送り、あらかじめ決められたDVDセレクションの中から好きな作品を選ぶよう呼びかけた。

当せん者（被験者）の半分に提示したセレクションは、映画レビューサイト「ロッテントマト」の評価を基準に、高評価の映画ばかりを集めたものだ（こちらを「リストA」とする）。残りの半分の被験者に示したセレクションには、もう少し平凡な作品ばかりを集めた（リストB）。

DVDをもらった被験者は、のちに、映画視聴体験をどれくらい楽しめたか7ポイント制で評価をつける。案の定、優れた作品ばかりのリストAから1枚選んだ被験者のほうが、高い満足度を示していた。リストAから選んだ被験者の平均スコアは5・21、リストBのほうはたった2・57だ。

ここまでは予想どおりの結果だ。

実験はここから先が興味深い。被験者全体のうち、半分には、さらにもう1枚DVDが

グループ	説明	平均評価
A	優れた映画リストから1枚を選択	5.21
B＋A	両方の映画リストから1枚ずつ選択 （2枚目が優れた作品）	4.82
A＋B	両方の映画リストから1枚ずつ選択 （2枚目が凡庸な作品）	4.14
B	凡庸な映画リストから1枚を選択	2.57

出所：ドゥー、ルパート、ウォルフォードの研究（2008年）から転載

もらえると告げる。ただし今回は1回目と違うほうのリストから作品を選ばなければならない。これで被験者は4グループに分かれた。表にグループの分類と、彼らがつけたスコアを整理した。

結果は、最後の感想が全体の感想を左右すると発見したレデルマイヤーとカーネマンの研究を裏付けている。DVDを2枚選んだ2グループ（B＋A、A＋B）を比較すると、2枚目に優れた作品を選んだグループ（B＋A）のほうが、評価が高かったことがわかった。同じ2枚を選んでいた場合でも、選んだ順番によって差があった。優れた作品を後に選んだ被験者のほうが、満足度が16％高かったのだ。

私はこの研究に関心をもち、自分でも2020年に、ピーク・エンドの法則が広告にも影響するかどうか調べる実験を設計している。動画広告プラットフォーム運営会社「アンルーリー」のアレックス・マグワイヤとともに行った実験で、まずいくつかのコマーシャルを選び抜いた。選択にあたって

はテクノロジー会社「アフェクティヴァ」の開発した表情認識プログラムの分析を利用している。広告を見た視聴者の表情を秒単位で分析するプログラムだ。このプログラムを参考に9種類のコマーシャルを選んだ。総合スコアはすべて同じ。だが途中の反応に違いがあるので、その違いに応じて3グループに分けた。

第1グループ――一定したコマーシャル。最初から最後までスコア(見た人の反応)はほぼ変わらない。
第2グループ――山があるコマーシャル。途中でスコアのピークがあり、その後スコアが下がって終わる。
第3グループ――山で終わるコマーシャル。最後にスコアがピークを迎える。

次に被験者579人に、このように分類したコマーシャルを見せた。そして1週間後に想起率を調べる質問をしたところ、明白なパターンがあった。一定したコマーシャルを思い出せたのは被験者の23%、山のあるコマーシャルでは31%、山で終わるコマーシャルでは33%だった。

ブランドの想起率でも同様のパターンが確認された。一定したコマーシャルで登場していたブランドを正確に思い出せた被験者は10％、山のあるコマーシャルでは32％、山で終わるコマーシャルでは21％だった。

どちらの指標でも、ピークまたはエンドで盛り上がる、つまりピーク・エンドの法則を利用した広告は記憶に残りやすかったと言える。

さて、ピーク・エンドの法則について学んだところで、次に考えるべきは応用だ。ブランド体験という点で、アプローチは3つある。

・谷を作らない（マイナスのピークを埋める）
・山を活かす（プラスのピークを際立たせる）
・盛り上げて終わる

それぞれの作戦を細かく見ていこう。

2 谷を作らない（マイナスのピークを埋める）

3つのアプローチの中では「谷を作らない」という作戦が最優先だ。ブランドが提供する体験の中で、一番だめな部分はどこにあるか探し出し、そこを改善しなくてはならない。これがもっとも重要なステップである理由は、「ネガティビティバイアス」があるからだ。人はネガティブな情報のほうに大きな影響を受けやすい。そうなる理由は二つある。

第一に、悪い情報は記憶に残りやすい。カリフォルニア大学バークレー校のフェリシア・プラットによる1991年の研究が証明している。実験では被験者に、人の性格的特徴40種類を一覧で読ませた。40種類のうち20個は長所、残り20個は短所だ。その後、読んだ特徴をできるだけ思い出すよう求めると、長所よりも短所のほうを2倍多く思い出せていた。

第二に、記憶しやすさを踏まえてもなお、人はネガティブな情報のほうを重く受け止める傾向が強い。プラスへ振れるか、マイナスへ振れるか、その振れ幅が同じであったとしても、ネガティブな出来事のほうを重大に感じる。この発見を一番はっきりと示したのが、ペンシルヴェニア大学のシェル・フェルドマンによる１９６６年の研究だ。実験では被験者に、ある架空の人物についての説明をしたうえで、その人物の魅力を評価するよう求めた。

被験者の中で一部のグループには、肯定的な特徴を説明した。別のグループには、否定的な特徴を説明した。また別のグループには両方を説明した。被験者が出す総合評価は、何度実験しても単純な平均値にはならず、ネガティブに偏った数値が出るのだった。フェルドマンの論文によれば、これは悪い情報のほうが良い情報よりも重みをもって伝わったことを示している。

人間にネガティビティバイアスが備わっているのは、おそらく、進化の都合によるものだ。ケース・ウェスタン・リザーブ大学の心理学者ロイ・バウマイスターは、共著論文で次のように論じている。

> 良いことよりも悪いことに強く反応するのは、進化的な適応だ。進化の歴史を通じて、悪いことにうまく対応できた生物のほうが脅威に負けず生き延びられる可能性が高く、ゆえに、遺伝子を残せる確率も高かったと思われる。

エビデンスははっきりしている。消費者のブランド体験にネガティブな部分があるなら、その問題を解決するのが何より優先なのだ。具体的な方法はブランドの性質によって異なるが、いくつか実例で考えてみたい。

最初はディズニーだ。世界各地にあるディズニーのテーマパークのどこかに行ったことがあるなら、滞在時間の大半が待ち時間になることは知っているだろう。人気のアトラクションなら2時間待ちもめずらしくない。だが、待ち時間にもお楽しみが満載。たとえば空飛ぶダンボに乗りたい客にはブザーが配られる。順番が来たら音で知らせてくれるので、それまでプレイエリアで子どもを遊ばせておくことができる。プレイエリアもダンボの世界観を表現したサーカステントだ。

アトラクションにたどりつくまでの時間を楽しめるのは子どもだけではない。ホーンテッドマンションの場合は、順路の途中に彫刻が並び、墓碑におそろしい死因が書かれているので、それをヒントに犯人をつきとめる謎解きゲームに興じることができる。

ディズニーの場合はこうした待ち時間のお楽しみに相当のコストをかけているが、コストをかけなければいけないというわけではない。ちょっとした発想の転換で解決する場合もある。

発想転換の巧みな実例が、2000年代はじめにテキサス州ヒューストンの空港で見られた。当時、空港運営側は、預入荷物が出てくるのを待つ搭乗客からのクレームの多さに悩んでいた。調べたところ、搭乗客は平均およそ8分間待たされたところで我慢の限界に達し、文句をつけることが多いとわかった。

そこで運営側が考案したのは、ほとんどコストのかからない対策だ。入国審査後の順路を変更した。搭乗客は荷物の回転テーブルにたどりつくまで、それまでよりも長く歩かなければならない。具体的に言えば8分長くかかる。回転テーブルに到着する頃にはすでに荷物が来ているというわけだ。

荷物をピックアップする時間は結果的に同じなのに、クレームは激減した。『ニューヨーク・タイムズ』紙で、この空港再設計に関する記事を書いた記者アレックス・ストーンの表現によれば、「待ち時間の客観的な長さは、待つという体験を定義する一要素にすぎない」。より重要なのは受け手の認知なのだ。何もせずただぼんやりと待つ時間は、別の用事をしながら待つ時間よりも、かなり長く感じられるのである。

ディズニーのテーマパークと、ヒューストンの空港の例は、体験の足を引っ張る要素を埋めることの意義を教えている。企業は自社商品の都合の悪い部分に向き合いたがらないことが多い。マーケティングでも、良い部分を強調する努力のほうが、やりがいを感じることだろう。だが、エビデンスを見る限り、それは出発点として間違っているのだ。

3　山を活かす（プラスのピークを際立たせる）

マイナスのピークを改善できたなら、そこではじめて、次のステップを考える番だ。プラスのピークとなる部分を最大限に光らせる努力をする。

単純な話だと思うだろうか。確かにそうかもしれない――だが、どれだけの企業がこの考え方をしているだろうか。たいていは、顧客体験のあらゆる側面に細かな工夫をこらして、すべてをすばらしいものにしようとしたがる。そうした試みでは、努力がまんべんなく薄く広がるだけで、全体として凡庸なものになってしまう。それに、何もかも格段にすばらしいものにするのはコストがかかりすぎて、はっきり言って非現実的だ。

それよりも、何か一つの瞬間を見間違えようもないほど光らせたほうがいい。

今回も実例を挙げて説明しよう。ハリウッドにあるマジックキャッスルホテルだ。チップ・ハースとダン・ハースの名著『瞬間のちから』でも紹介されている。

マジックキャッスルは、旅行情報サイト「トリップアドバイザー」で、ロサンゼルスの人気ホテル上位10軒に選ばれている。３５１２件のレビューのうち93％が「良い」または

「とても良い」なのだから驚異的だ。有名なビバリーヒルズのフォーシーズンズホテルよりも評価が高い。

この成功ぶりが多くの面で驚きなのは、ホテルそのものはきわめてベーシックであるからだ。内装は年季が入っているし、客室は簡素で、プールは小さい。そして宿泊料金はかなり高い。私が1カ月先にシングルルームを予約しようとしたときは、一泊なんと254ポンドだった――マリオットと同レベルだ。

だが、このホテルは実に巧みにピーク・エンドの法則を採用している。宿泊客に一貫した体験をさせることよりも、一つか二つの際立った瞬間を生み出すことに力を入れる。

そうした瞬間の一例がアイスキャンデー・ホットラインだ。宿泊中、プール横の古めかしい赤い電話の受話器をとれば、昼夜問わずいつでもヘルプサービスに連絡がつく。そして真っ白な手袋をはめたサービス係が即座に現れ、無料のアイスキャンデーを山盛りにした銀色の盆を差し出す。

宿泊中のすべての場面がちょっとずつ改良されているよりも、ひときわ印象的な場面が用意されていることで、すばらしい思い出として記憶に残り、ひるがえって、それが絶賛のレビューになるというわけだ。

とはいえ、ピークを光らせようと言われても、いろいろと疑問はある。特に知りたいのは、いったいいつがベストな瞬間なのか、という点だ。

そこでカギとなるのが「サプライズ」だ。マジックキャッスルの場合もそうだった。どこに泊まるにせよ、ホテルの宿泊体験とはこういうもの、という予想があるものだが、マジックキャッスルはそうした期待をいい意味で裏切る。それが宿泊体験を圧倒的に記憶に残るものにする。

サプライズの重要性は、ベイラー医科大学のヴァニ・パリヤダトとデイヴィッド・イーグルマンの研究でも証明されている。二人は２００７年に、被験者84人に9枚の写真を見せるという実験をした。どの写真も、見せるのはほんの一瞬。３００ミリ秒から７００ミリ秒のあいだくらいだ。そのうち8枚は全部同じで、何の変哲もない茶色の靴の片方が写っている。残りがアラーム時計の写真で、これがサプライズの1枚となる。

写真を見終わった被験者に、それぞれの写真がどれくらい長く表示されていたと思うか、前の写真との比較で尋ねた。被験者の答えと、実際の表示時間を照らし合わせると、サプライズの写真を見ていた時間は実際よりも12％長く感じられていたことがわかった。「オッドボール効果」として知られるようになった現象だ。

ピークを作るなら、受け手の期待を裏切るピークを作ることを目指そう。アイスキャンデー・ホットラインのような意表を突く仕掛けとして、どんなことができるだろうか。

4 盛り上げて終わる

最後のアプローチは簡単だ。一番のピークをフィニッシュに持ってくればいい。マーケティングは出だしの印象を最高にしようと試みる場合が多い。確かにそれも重要なのだが、大腸検査の実験をしたレデルマイヤーとカーネマンの研究を見る限り、記憶に残るという点では、一番最後の印象を強めることのほうが重要なのだ。

これを見事に実践しているのが、またしても、ディズニーだ。ディズニーはこのアプローチを巧みに駆使している。ディズニーのテーマパークでの賢い遊び方を指南する「ツアーリングプラン」というウェブサイトがあるのだが、このサイトが、パーク内にあるディスプレイの表示を調べた。アトラクションの列に並んだ客に現在の待ち時間を教える画面のことだ。このディスプレイの表示200万件と、実際の待ち時間を比べたところ、待ち時間が一定のパターンで過大に表示されていることがわかった。実際よりも長く待たされるかのように告げていたというわけだ。

ぱっと考えると不思議なことのように思える。あるブランドが、そのブランドの欠点の部分を誇張するだなんて、筋が通らない。だが、ピーク・エンドの法則に照らしてディズニーの作戦を考えると、腑に落ちる。待ち時間を過大申告することで、その体験は最終的によかったことになる。50分待つことを覚悟していたときに、45分で済んだとしたら、苛立ちも緩和されるからだ。

ディズニーだけではない。レストランチェーンの「フラットアイロン」も、ピーク・エンドの法則を独自の工夫で利用している。フラットアイロンは、2012年にチャーリー・キャロルという人物がロンドンで創業し、今では10店舗を展開するステーキレストランだ。

食事を終えて会計を支払った客に、ウェイターはミニチュアのステーキナイフ2本を渡し、店を出る際に扉のところでスタッフに渡すよう告げる。指示どおりにミニチュアナイフを渡すと、引き換えに、塩味のきいたキャラメルアイスクリームがもらえる。食事の体験が嬉しいサプライズで終わるというわけだ。

フラットアイロンの工夫も面白いのだが、ピーク・エンドのパワーを活かした例として私が一番好きなのは、映画のエンドクレジットの途中またはあとに映像を挿入するアプローチかもしれない。「ポストクレジットシーン」「スティンガー」などとも呼ばれる。ボーナスコンテンツを入れることで、観客にエンドクレジットの終わりまで見させるための作戦だ。

この作戦が映画界の流行になった最初のきっかけはボンド・シリーズだった。1963年に公開された『007　ロシアより愛をこめて』以降、本編が終わったあとに「ジェームズ・ボンドは戻ってくる……（James Bond will return in...）」という言葉とともに短いメッセージが入る。当初はここに次回作の予告が入る程度だった。

その後1970年代後半からは、もう少しふざけた調子の明るいコンテンツを足すことで、このアプローチを存分に活かす作品が増え始めた。1979年に公開された子ども向け映画『マペット・ムービー』では、カエルのカーミットたちがエンドクレジットで再登場し、みんな一緒にこの映画を見ていたという設定が描かれる。最後に「アニマル」というキャラクターが、シアター内に残っている観客に「さっさと帰んな！　じゃあな！」と叫ぶ場面は印象的だ。

1980年代には、多くの映画が本編終了後に追加コンテンツを入れるようになった。『キャノンボール』シリーズでは、撮影中に役者たちが出したNGシーンを流している。これはのちにピクサー・アニメーションの作品で実に見事なパロディにされていた。アニメなのだから、出演者が演技のNGを出す場面などあったはずもないのに、『バグズ・ライフ』（1998年）、『トイ・ストーリー2』（1999年）、『トイ・ストーリー3』（2010年）の本編のあとに、NG集やミニエピソードなどの楽しいコンテンツが入っている。

最高の例は、1978年に公開されたジョン・ランディス監督のコメディ映画『アニマル・ハウス』だろう。本編が終わったあとに、登場人物の未来を教えるシーンが入る。たとえば女子学生の一人、バブスは、ユニバーサル・スタジオでツアーガイドの仕事に就くという設定だ。そしてクレジットが流れたあとには静止画の広告が表示される。「ハリウッドにお越しの際はユニバーサル・スタジオへ（バブスを指名してください）」。ユニバーサル・スタジオでは、1989年まで、この暗号を言うと割引があるという特典が用意されていた。

ピーク・エンドの法則は、マーケティングでどこに力点を置けばいいか判断する役に立つ。まずはマイナスのピークを埋め、次にプラスのピークを光らせ、最後を盛り上げて終わるような工夫をしてみてほしい。

本書が紹介するバイアスも残念ながらこれが最後だ。大腸検査やNG集の楽しい話で盛り上げたのだから、この本も一番いい印象で終われたと願いたい。

おわりに

ロンドンで1660年に設立された学術機関、王立学会〔訳注　ロンドン王立自然知識促進協会、王立協会とも〕は、人類史におけるもっとも偉大な知の進化のいくつかを生み出してきた。ニュートンは王立学会の後押しで著書『プリンシピア　自然哲学の数学的原理』を出版した。ジェームズ・クックによるタヒチへの航海も、王立学会がバックアップをした。クックが金星の太陽面通過を観測し、当時の科学界が太陽系の大きさを計算するのに役立てたのである。

現代のマーケティングにたずさわる私たちも、この学術機関が掲げる基本理念をぜひとも胸に刻んでおきたい。

ラテン語で*Nullius in verba*（ヌッリウス・イン・ウェルバ）と書かれたモットーの意味は、「誰かの言葉をうのみにしてはいけない」だ。

権威だけで真実を打ち立てることはできない。王立学会の根本に、いや、それを言うなら科学というものの根本に、この思想がある。

私が行動科学を気に入っているのも、そこに理由の一端がある。権威だけでは何も語れない。誰も、たとえカーネマンやセイラーのような輝かしきノーベル賞受賞者でも、主張するだけで信じさせることはできない。すべては実験で証明されなければならないのだ。

エビデンスが重視されるからこそ、本書で挙げてきたさまざまな発見は堅牢だ。マーケティングやビジネスの理論は分析とデータよりも言葉の美しさにもとづくことが少なくないが、堅牢なエビデンスに裏打ちされていれば、より質の高いものになる。

あてずっぽうでマーケティングの作戦を考えるより、行動科学を基盤として判断するほうがいいに決まっている。

そして、どれほど確実性の高い発見でも、活用しなければ価値はない。人間の性質について行動科学が明らかにするインサイトを、ぜひマーケティングに応用してみてほしい。受け手の行動を促す効果の高いマーケティングになるはずだ。

本書では実にたくさんの実験を紹介してきたので、読者にとって役立つアイディアもたくさん見つかったのではないだろうか。

とはいえ、この16と½個のさまざまなアイディア（私の前著も読んでいただければ、さらに25個のインサイトが得られる）を網羅しても、行動科学の世界を探究し終えたとは言えない。１８９０年代に心理学の研究が本格的に始まって以来、数えきれないほどの実験が積み重ねられてきた。本書で見てきたのは、ほんのわずかな一部分だ。

だから探究を続けよう。新たな発見の余地はまだまだ大きく開かれている。最後に私から、旅のサポートとして、あなたに役立つであろう本を8冊紹介しておきたい。

推薦図書

***The Choice Factory* by Richard Shotton［2018］**（リチャード・ショットン『買わせる心理技術』元村まゆ訳、ダイレクト出版、２０２２年）

手前みそではあるが、本書を楽しんでいただけたなら、こちらもきっと気に入ってもらえると思う。こちらの本では、消費者の判断に影響する25種類の行動バイアスを紹介した。それぞれのバイアスについて、学術研究によるエビデンスや、ビジネスと関連があることを示すために私自身が行った実験を紹介し、もっとも重要な点である実用的な応用方法についても論じている。

***Alchemy* by Rory Sutherland［2019］**（ローリー・サザーランド『欲望の錬金術——伝説の広告人が明かす不合理のマーケティング』金井真弓訳、東洋経済新報社、２０２１年）

ローリー・サザーランドの著書はすべて必読。ユニークで、ゆたかな想像力を駆使して書かれており、広く知られているバイアスや実験に関する説明でも、斬新な解釈で読者を驚かせる。サザーランドはポッドキャストにも出演しているので、読むよりも耳で聞きたい場合はそちらをお勧めする。

***Blindsight: The*（*Mostly*）*Hidden Ways Marketing Reshapes Our Brains* by Matt Johnson and Prince Ghuman**［2020］（マット・ジョンソン／プリンス・ギューマン『「欲しい！」はこうしてつくられる――脳科学者とマーケターが教える「買い物」の心理』花塚恵訳、白揚社、2022年）

行動科学に関する本のほとんどは一般読者に向けて書かれているが、こちらの一冊は、特にマーケティングにおける有用性を示している点で興味深い。

***How to Change* by Katy Milkman**［2021］（ケイティ・ミルクマン『自分を変える方法――いやでも体が動いてしまうとてつもなく強力な行動科学』櫻井祐子訳、ダイヤモンド社、2022年）

ミルクマンは行動変容研究の第一人者だ。本書の第1章で紹介したフレッシュスタート効果も、ミルクマンの研究で明らかになった。

Atomic Habits: An Easy & Proven Way to Build Good Habits & Break Bad Ones by James Clear［2018］（ジェームズ・クリアー『ジェームズ・クリアー式 複利で伸びる1つの習慣』牛原眞弓訳、パンローリング、２０１９年）

習慣に関する本の金字塔。披露されるエピソードと研究の数々は、仕事で使える知識としても参考になるが、人間としても学べるものが多い。次のサイトでクリアーの記事を数多く読むことができる。jamesclear.com/articles

Priceless by William Poundstone［2010］（ウィリアム・パウンドストーン『プライスレス――必ず得する行動経済学の法則』松浦俊輔／小野木明恵訳、青土社、２０１０年）

私の前著の巻末でもこの本を紹介しているが、重複をご容赦いただきたい。価格設定に関する本で、このパウンドストーンの著書以上に面白く、有益な情報に満ちた文献は思い浮かばない。

The Power of Moments: Why Certain Experiences Have Extraordinary Impact by Chip and Dan Heath［2017］（チップ・ハース／ダン・ハース『瞬間のちから――顧客を魅了し、社員のやる気を引き出す心理技術』武田玲子訳、ダイレクト出版、２０１８年）

心理学をビジネスに応用するというテーマで、ハース兄弟は多数のすばらしい著書を書いている。初期の一冊、『アイデアのちから』（飯岡美紀訳、日経ＢＰ社、２００８年）では、マーケティングコミュニケーションを記憶されやすくする方法を掘り下げていた。名著なのだが、今回は『瞬間のちから』を推したい。同じように優れた本で、ほかの心理学の本との重複も少ない。私が本書を執筆する際にも、この一冊を多く参照した。

***Everybody Lies: Big Data, New Data, and What the Internet Can Tell Us about Who We Really Are* by Seth Stephens-Davidowitz［2017］**（セス・スティーヴンズ＝ダヴィドウィッツ『誰もが嘘をついている——ビッグデータ分析が暴く人間のヤバい本性』酒井泰介訳、光文社未来ライブラリー、２０２２年）

２０１７年の一冊を選べと言われたら、私はこの本を挙げたい。行動科学のメインテーマの一つ、人の行動の動機は本人の自己申告ではわからない、という点を探究している。アンケートやフォーカスグループによる調査の危険性を指摘するだけではなく、それに代わる手段として、検索ボリュームの分析について解説している。

謝辞

本書は過去5年間のリサーチをベースに執筆した。そのあいだに実に多くの方のご助力をいただいた。1年目はローレン・リーク＝スミスが貴重なアシスタントとなり、それ以降はジョアンナ・スタンレーがリサーチに含めるべき研究を探したり、主な発見を分析したり、辛抱強く骨を折ってくれた。彼女なしでは本書は完成しなかったに違いない。

執筆自体にはさほどの時間はかからなかったが、それでも多くの人の支えがあった。ニック・フレッチャー、クレイグ・ピアース、クリス・パーカーは、編集やデザインについて、非の打ちどころのないアドバイスをしてくれた。

最後に、私の家族にも感謝を伝えたい。

我が子のアナとトムからは惜しみない応援があった。そして妻のジェーン。本書全体の雰囲気を整えて方向性を定める手助けをしてくれた優秀なるコピーライターであり、最大の功労者だ。

原注

本文中における先行文献からの引用は、特に断りがない限りは、本書訳者による翻訳。

第1章　習慣形成

'Habits in Everyday Life: Thought, Emotion, and Action' by Wendy Wood, Jeffrey Quinn and Deborah Kashy [*Journal of Personality and Social Psychology*, Vol. 83, No. 6, pp. 1281–1297, 2002]

'The Fresh Start Effect: Temporal Landmarks Motivate Aspirational Behaviour' by Hengchen Dai, Katherine Milkman and Jason Riis [*Management Science*, Vol. 60, No. 10, pp. 2563–2582, 2014]

'Put Your Imperfections Behind You: Temporal Landmarks Spur Goal Initiation When They Signal New Beginnings' by Hengchen Dai, Katherine Milkman and Jason Riis [*Psychological Science*, Vol. 26, No. 12, pp. 1927–1936, 2015]

'Combining motivational and volitional interventions to promote exercise participation: Protection motivation theory and implementation intentions' by Sarah Milne, Sheina Orbell and Paschal Sheeran [*British Journal of Health Psychology,* Vol. 7, No. 2, pp. 163–184, 2002]

'Forming a flossing habit: An exploratory study of the psychological determinants of habit formation' by Gaby Judah, Benjamin Gardner and Robert Aunger [*British Journal of Health Psychology,* Vol. 18, No. 2, pp. 338–353, 2013]

'Reminders through Association' by Todd Rogers and Katherine Milkman [*Psychological Science*, Vol. 27, No. 7, pp. 973–986, 2016]

'The Benefits of Specificity and Flexibility on Goal-Directed Behaviour over Time' by Aneesh Rai, Marissa Sharif, Edward Chang, Katherine Milkman and Angela Duckworth [*Working Paper*, 2020]

'Temporal Reframing and Participation in a Savings Program: A Field Experiment' by Hal Hershfield, Stephen Shu and Shlomo Benartzi [*Marketing Science*, Vol. 39, No. 6, pp. 1033–1201, 2020]

'The 100 Most Eminent Psychologists of the 20th Century' by Steven

Haggbloom, Renee Warnick, Jason Warnick, Vinessa Jones, Gary Yarbrough, Tenea Russell and Emmanuelle Monte [*Review of General Psychology,* Vol. 6, No. 2, pp. 139–152, 2002]
'The Motivating-Uncertainty Effect: Uncertainty Increases Resource Investment in the Process of Reward Pursuit' by Luxi Shen, Ayelet Fishbach and Christopher Hsee [*Journal of Consumer Research*, Vol. 41, No. 5, pp. 1301–1315, 2015]
'How are habits formed: Modeling habit formation in the real world' by Phillipa Lally, Cornelia van Jaarsveld, Henry Potts and Jane Wardle [*European Journal of Social Psychology,* Vol. 40, No. 6, pp. 998–1009, 2009]

第2章　簡単にする

'Release the brake to combat climate change' by Tim Harford [*Financial Times*, 28 February 2020]
'How to Launch a Behavior-Change Revolution' [Ep. 306] by Stephen J. Dubner (with Daniel Kahneman)
'The Impact of Defaults on Technology Adoption, and Its Underappreciation by Policymakers' by Peter Bergman and Todd Rogers [*CESifo Working Paper Series*, No. 6721, 2017]
'Compliance without pressure: The foot-in-the-door technique' by Jonathan Freedman and Scott Fraser [*Journal of Personality and Social Psychology*, Vol. 4, No. 2, pp. 195–202, 1966]
'When choice is demotivating: Can one desire too much of a good thing?' by Sheena Iyengar and Mark Lepper [*Journal of Personality and Social Psychology*, Vol. 79, No. 6, pp. 995–1006, 2000]
'Choice overload: A conceptual review and meta-analysis' by Alexander Chernev, Ulf Böckenholt and Joseph Goodman [*Journal of Consumer Psychology*, Vol. 26, No. 2, pp. 333–358, 2015]
Don't Mess with Texas: The Story Behind the Legend by Tim McClure and Roy Spence [2006]
'Long Term Effect of Reduced Pack Sizes of Paracetamol on Poisoning Deaths and Liver Transplant Activity in England and Wales: Interrupted

Time Series Analyses' by Keith Hawton, Sue Simkin, Sue Dodd, Phil Pocock, David Gunnell and Navneet Kapur [*British Medical Journal*, Vol. 23, 2013]

第3章　面倒にする

'Reciprocal Concessions Procedure for Inducing Compliance: The Door-in-the-Face Technique' by Robert Cialdini, Joyce Vincent, Stephen Lewis, Jose Catalan, Diane Wheeler and Betty Lee Darby [*Journal of Personality and Social Psychology*, Vol. 31, No. 2, pp. 206–215, 1975]

'Gift Exchange in the Field' by Armin Falk [*Econometrica*, Vol. 75, No. 5, pp. 1501–1511, 2007]

'The IKEA Effect: When Labor Leads to Love' by Michael Norton, Daniel Mochon and Dan Ariely [*Journal of Consumer Psychology*, Vol. 22, No. 3, pp. 453–460, 2012]

'Zen and the art of opening an iPhone box' by Tom Vanderbilt [*1843 Magazine*, July 2019]

'Assessing the Impact of Closure Type on Wine Ratings and Mood' by Charles Spence and Qian Wang [*Beverages*, Vol. 3, No. 4, pp. 52, 2017]

'Giving Firms an "E" for Effort: Consumer Responses to High-Effort Firms' by Andrea Morales [*Journal of Consumer Research*, Vol. 31, No. 4, pp. 806–812, 2005]

'The Labor Illusion: How Operational Transparency Increases Perceived Value' by Ryan Buell and Michael Norton [*Management Science*, Vol. 57, No. 9, pp. 1564–1579, 2011]

'Creating Reciprocal Value Through Operational Transparency' by Ryan Buell, Tami Kim and Chia-Jung Tsay [*Management Science*, Vol. 63, No. 6, pp. 1657–2048, 2017]

第4章　産出効果

'The generation effect: Delineation of a phenomenon' by Norman Slamecka and Peter Graf [*Journal of Experimental Psychology: Human Learning and Memory*, Vol. 4, No. 6, 592–604, 1978]

'Answering Questions about Questions: A Persuasion Knowledge Perspective

for Understanding the Effects of Rhetorical Questions' by Rohini Ahluwalia and Robert Burnkrant [*Journal of Consumer Research*, Vol. 31, No. 1, pp. 26–42, 2004]

'How to Persuade People to Change Their Behaviour' by Jonah Berger [*Harvard Business Review*, April 20, 2020]（ジョーナ・バーガー「人に行動変容を促すうえで有効な3つの方法」DIAMOND ハーバード・ビジネス・レビュー、2020年5月20日掲載。https://dhbr.diamond.jp/articles/-/6746?page=4）

'Fortune Favors the Bold (and the Italicized): Effects of Disfluency on Educational Outcomes' by Daniel Oppenheimer, Connor Diemand-Yauman and Erikka Vaughan [*Cognition*, Vol. 118, No. 1, pp. 111–115, 2011]

第5章　キーツ・ヒューリスティック

'Birds of a feather flock conjointly (?): Rhyme as reason in aphorisms' by Matthew McGlone and Jessica Tofighbakhsh [*Psychological Science*, Vol. 11, No. 5, pp. 424–428, 2000]

'Rhyme as reason in commercial and social advertising' by Petra Filkuková and Sven Hroar Klempe [*Scandinavian Journal of Psychology*, Vol. 54, No. 5, pp. 423–431, 2013]

Skin In The Game: Hidden Asymmetries in Daily Life by Nicholas Taleb [2018]（ナシーム・ニコラス・タレブ『身銭を切れ：「リスクを生きる」人だけが知っている人生の本質』望月衛監訳、千葉敏生訳、ダイヤモンド社、2019年）

'If it's difficult to pronounce, it must be risky: Fluency, familiarity and risk perception' by Hyunjin Song and Norbert Schwarz [*Psychological Science*, Vol. 20, No. 1, pp. 135–138, 2009]

'If it's hard to read, it's hard to do: Processing Fluency affects effect prediction and motivation' by Hyunjin Song and Norbert Schwarz [*Psychological Science*, Vol. 19, No. 10, pp. 986–988, 2008]

第6章　具体性

'Replication and Analysis of Ebbinghaus' Forgetting Curve' by Jaap Murre and Jorei Dros [*PLoS ONE*, Vol. 10, No. 7, 2015]

'Recall of meaningful phrases' by Ian Begg [*Journal of Verbal Learning and Verbal Behaviour*, Vol. 11, No. 4, pp. 431-439, 1972]

Made to Stick: Why Some Ideas Survive and Others Die by Chip Heath and Dan Heath [2007] (チップ・ハース／ダン・ハース『アイデアのちから』飯岡美紀訳、日経BP社、2008年)

'The "Visual Depiction Effect" in Advertising: Facilitating Embodied Mental Simulation through Product Orientation' by Ryan Elder and Aradhna Krishna [*Journal of Consumer Research*, Vol. 38, No. 6, pp. 998-1003, 2012]

'Consequences of Erudite Vernacular Utilized Irrespective of Necessity: Problems with Using Long Words Needlessly' by Daniel Oppenheimer [*Applied Cognitive Psychology*, Vol. 20, No. 2, pp. 139-156, 2006]

'Sympathy and callousness: The impact of deliberative thought on donations to identifiable and statistical victims' by Deborah Small, George Loewenstein and Paul Slovic [*Organizational Behavior and Human Decision Processes*, Vol. 102, No. 2, pp. 143-153, 2007]

第6と½章　緻密さ、細かさ

'It Seems Factual, But Is It? Effects of Using Sharp versus Round Numbers in Advertising Claims' by Robert Schindler and Richard Yalch [*Advances in Consumer Research*, Vol. 33, pp. 586-590, 2006]

'Precision of the Anchor Influences the Amount of Adjustment' by Chris Janiszewski and Dan Uy [*Psychological Science*, Vol. 19, No. 2, pp. 121-127, 2008]

ボーナスチャプター　ベースバリュー・ネグレクト効果

'When More is Less: The Impact of Base Value Neglect on Consumer Preferences for Bonus Packs Over Price Discounts' by Haipeng (Allan) Chen, Howard Marmorstein, Michael Tsiros and Akshay Rao [*Journal of Marketing*, Vol. 76, No. 4, pp. 64-77, 2012]

第7章　極端回避

'A meta-analysis of extremeness aversion' by Nico Neumann, Ulf Böckenholt

and Ashish Sinha [*Journal of Consumer Psychology*, Vol. 26, No. 2, pp. 193-212, 2015]

'Behavioural Science: What does it mean for B2B marketers' by The Marketing Practice and Richard Shotton [2018] retrieved from: https://25865525.fs1.hubspotusercontent-eu1.net/hubfs/25865525/Blogs/Reports/Behavioural-Science-for-B2B-marketers-TMP-research.pdf

'The influence of Price Presentation Order on Consumer Choice' by Kwanho Suk, Jiheon Lee and Donald Lichenstein [*Journal of Marketing Research*, Vol. 49, No. 5, pp. 708-717, 2012]

'Adding Asymmetrically Dominated Alternatives: Violations of Regularity and the Similarity Hypothesis' by Joel Huber, John W. Payne and Christopher Puto [*Journal of Consumer Research*, Vol. 9, No. 1, pp. 90-98, 1982]

'The Attraction Effect in Decision Making: Superior Performance by Older Adults' by Sunghan Kim and Lynn Hasher [*Quarterly Journal of Experimental Psychology*, Vol. 58, No. 1, pp. 120-133, 2005]

第8章　分母無視

'Conflict between intuitive and rational processing: When people behave against their better judgment' by Veronika Denes-Raj and Seymour Epstein [*Journal of Personality and Social Psychology*, Vol. 66, No. 5, pp. 819-829, 1994]

'Amount off vs percentage off—when does it matter?' by Eva Gonzales, Eduardo Esteva, Anne L. Roggeveen and Dhruv Grewal [*Journal of Business Research*, Vol. 69, No. 3, pp. 1022-1027, 2016]

'When Two Plus Two Is Not Equal to Four: Errors in Processing Multiple Percentage Changes' by Akshay Rao and Haipeng Chen [*Journal of Consumer Research*, Vol. 34, No. 3, pp. 327-340, 2007]

'The Illusion of Double-Discount: Using Reference Points in Promotion Framing' by Han Gong, Jianxiong Huang and Kim Huat Goh [*Journal of Consumer Psychology*, Vol. 29, No. 3, pp. 483-491, 2019]

'Reframing the Discount as a Comparison against the Sale Price: Does it Make the Discount More Attractive?' by Abhijit Guha, Abhijit Biswas,

Dhruv Grewal, Swati Verma, Somak Banerjee and Jens Nordfält [*Journal of Marketing Research*, Vol. 55, No. 3, pp. 339–351, 2016]
'Size Does Matter: The Effects of Magnitude Representation Congruency on Price Perceptions and Purchase Likelihood' by Keith Coulter and Robin Coulter [*Journal of Consumer Psychology*, Vol. 15, No. 1, pp. 64–76, 2005]

第9章　実験の必要性

The Behavioural Science Annual 2018–2019 by Ogilvy Change [2019] retrieved from: www.ogilvyconsulting.com/wp-content/uploads/2019/07/Ogilvy-TheAnnual.pdf
'The influence of in-store music on wine selections' by Adrian North, David Hargreaves and Jennifer McKendrick [*Journal of Applied Psychology*, Vol. 84, No. 2, 1999]
'Do consumers prefer round prices? Evidence from pay-what-you-want decisions and self-pumped gasoline purchases' by Michael Lynn, Sean Masaki Flynn and Chelsea Helion [*Journal of Economic Psychology*, Vol. 36, pp. 96–102, 2013]

第10章　フレーミング

'How consumers are affected by the framing of attribute information before and after consuming the product' by Irwin Levin and Gary Gaeth [*Journal of Consumer Research*, Vol. 15, No. 3, pp. 374–378, 1988]
'Reconstruction of automobile destruction: An example of the interaction between language and memory' by Elizabeth Loftus and John Palmer [*Journal of Verbal Learning & Verbal Behavior*, Vol. 13, No. 5, pp. 585–589, 1974]
'Using social cognition and persuasion to promote energy conservation: A quasi-experiment' by Marti Hope Gonzales, Elliot Aronson and Mark A. Costanzo [*Journal of Applied Social Psychology,* Vol. 18, No. 12, Pt. 2, pp. 1049–1066, 1988]
'Motivating voter turnout by invoking the self' by Christopher Bryan, Gregory Walton, Todd Rogers and Carol Dweck [*Proceedings of the National*

Academy of Sciences of the United States of America, Vol. 108, No. 31, pp. 12653–12656, 2011]
'Out-of-stock, sold out, or unavailable? Framing a product outage in online retailing' by Robert Peterson, Yeolib Kim and Jaeseok Jeong [*Marketing Letters*, Vol. 37, No. 3, pp. 428–440, 2019]

第11章　公正さ

'An experimental analysis of ultimatum bargaining' by Werner Guth, Rolf Schmittberger and Bernd Schwarze [*Journal of Economic Behaviour & Organisation*, Vol. 3, No. 4, pp. 367–388, 1982]
'Raising the stakes in the ultimatum game: Experimental evidence from Indonesia' by Lisa Cameron [*Economic Enquiry*, Vol. 37, No. 1, pp. 47–59, 1999]
'Monkeys reject unequal pay' by Frans de Waal and Susan Brosnan [*Nature*, Vol. 425, No. 6955, pp. 297–299, 2003]
'The inconsistent evaluation of absolute versus comparative payoffs in labor supply and bargaining' by Sally Blount and Max Bazerman [*Journal of Economic Behaviour & Organisation*, Vol. 30, No. 2, pp. 227–240, 1996]
'Fairness as a Constraint on Profit Seeking: Entitlements in the Market' by Daniel Kahneman, Jack L. Knetsch and Richard Thaler [*The American Economic Review*, Vol. 76, No. 4, pp. 728–741, 1986]
'The mindlessness of ostensibly thoughtful action: The role of "placebic" information in interpersonal interaction' by Ellen Langer, Arthur Blank and Benzion Chanowitz [*Journal of Personality and Social Psychology*, Vol. 36, No. 6, pp. 635–642, 1978]
'Mental Accounting and Consumer Choice' by Richard Thaler [*Marketing Science*, Vol. 4, No. 3, pp. 199–214, 1985]
'Effects of eye images on everyday cooperative behaviour: A field experiment' by Max Earnest Jones, Melissa Bateson and Daniel Nettle [*Evolution and Human Behaviour*, Vol. 32, No. 3, pp. 172–178, 2011]
'Do "watching eyes" influence antisocial behaviour? A systematic review & meta-analysis' by Keith Dear, Kevin Dutton and Elaine Fox [*Evolution and Human Behaviour*, Vol. 40, No. 3, pp. 269–280, 2019]

第12章　選択の自由

'American Graffiti: Effects of Authority and Reactance Arousal' by James Pennebaker and Deborah Yates Sanders [*Personality and Social Psychology Bulletin*, Vol. 2, No. 3, pp. 264–267, 1976]

'Just do it! Why committed consumers react negatively to assertive ads' by Yael Zemack-Rugar, Sarah Moore and Gavan Fitzsimons [*Journal of Consumer Psychology*, Vol. 27, No. 3, pp. 287–301, 2017]

'Culture, Self and the Emergence of Reactance: Is there a "Universal" Freedom?' by Eva Jonas, Verena Graupmann, Daniela Niesta Kayser, Mark Zanna, Eva Traut-Mattausch and Dieter Frey [*Journal of Experimental Social Psychology*, Vol. 45, No. 5, pp. 1068–1080, 2009]

'Evocation of freedom and compliance: The "but you are free of..." technique' by Nicolas Guéguen and Alexandre Pascual [*Current Research in Social Psychology*, Vol. 5, pp. 264–270, 2000]

'A Meta-Analysis of the Effectiveness of the "But You Are Free" Compliance Gaining Techniques' by Christopher Carpenter [*Communication Studies*, Vol. 64, No. 1, pp. 6–17, 2013]

'Eliciting Taxpayer Preferences Increases Tax Compliance' by Cait Lamberton, Jan-Emmanuel De Neve and Michael Norton [*SSRN*, 2014]

'Reactance versus rationalization: divergent responses to policies that constrain freedom' by Kristin Laurin, Aaron Kay and Gavan Fitzsimons [*Psychological Science*, Vol. 23, No. 2, pp. 205–209, 2012]

第13章　レッドスニーカー効果

'Effects of group pressure upon the modification and distortion of judgments' by Solomon Asch in H. Guetzkow (Ed.), *Groups, leadership and men; research in human relations* (pp. 177–190, 1951)

'The Red Sneakers Effect: Inferring Status and Competence from Signals of Nonconformity' by Silvia Bellezza, Francesca Gino and Anat Keinan [*Journal of Consumer Research*, Vol. 41, No. 1, pp. 35–54, 2014]

Behavioural Science: What does it mean for B2B marketers by The Marketing Practice and Richard Shotton [2018] retrieved from: https://25865525.fs1.hubspotusercontent-eu1.net/hubfs/25865525/Blogs/Reports/

Behavioural-Science-for-B2B-marketers-TMP-research.pdf
'Behind bars but above the bar: Prisoners consider themselves more prosocial than non-prisoners' by Constantine Sedikides, Rosie Meek, Mark Alicke and Sarah Taylor [*British Journal of Social Psychology*, Vol. 53, No. 2, pp. 396–403, 2013]

第14章　ハロー効果

'A constant error in psychological ratings' by Edward Thorndike [*Journal of Applied Psychology*, Vol. 4, No. 1, pp. 25–29, 1920]
'The halo effect: Evidence for unconscious alteration of judgments' by Richard Nisbett and Timothy Wilson [*Journal of Personality and Social Psychology*, Vol. 35, No. 4, pp. 250–256, 1977]
'Some characteristics of intrajudge trait intercorrelations' by Barbara Koltuv [*Psychological Monographs: General and Applied*, Vol. 76, No. 33, pp. 1–33, 1962]
'Halo Effects and Location Preferences' by William James and Forest Carter [*Advances in Consumer Research*, Vol. 5, No. 1, pp. 474–476, 1978]
The Halo Effect, by Phil Rosenzweig [2007]（フィル・ローゼンツワイグ『なぜビジネス書は間違うのか：ハロー効果という妄想』桃井緑美子訳、日経BP社、2008年）
'The role of interpersonal liking in building trust in long-term channel relationships' by Carolyn Nicholson, Larry Compeau and Rajesh Sethi [*Journal of the Academy of Marketing Science*, Vol. 29, No. 3, pp. 3–15, 2001]
'Voters vote beautiful: The effect of physical appearance on a national election' by Michael Efran and E. W. J. Patterson [*Canadian Journal of Behavioural Science*, Vol. 6, No. 4, pp. 352–356, 1974]
'What is beautiful is good' by Karen Dion, Ellen Berscheid and Elaine Walster [*Journal of Personality and Social Psychology*, Vol. 24, No. 3, pp. 285–290, 1972]
'Beauty is talent: Task evaluation as a function of the performer's physical attractiveness' by Harold Sigove and David Landy [*Journal of Personality and Social Psychology*, Vol. 29, No. 3, pp. 299–304, 1974]

第15章　ウィットのパワー

'The Effects of a Joke on Tipping When It Is Delivered at the Same Time as the Bill' by Nicolas Guéguen [*Journal of Applied Social Psychology*, Vol. 32, No. 9, pp. 1955–1963, 2002]

'The "Strategic Sparks" Behind the 2022 Kantar Creative Effectiveness Award Winners' Kantar New Zealand www.kantarnewzealand.com/the-strategic-sparks-behind-the-2022-kantar-creative-effectiveness-award-winners

'The Effect of Humor on Short-term Memory in Older Adults: A New Component for Whole-Person Wellness' by Gurinder Singh Bains, Lee Berk, Noha Daher, Everett Lohman, Ernie Schwab, Jerrold Petrofsky and Pooja Deshpande [*Loma Linda University Electronic Theses, Dissertations & Projects*, 207, 2014]

'Teaching and Learning with Humor' by Avner Ziv [*The Journal of Experimental Education*, Vol. 57, No. 1, pp. 4–15, 2014]

'Risky business: When humor increases and decreases status' by T. Bradford Bitterly, Alison Wood Brooks and Maurice E. Schweitzer [*Journal of Personality and Social Psychology*, Vol. 112, No. 3, pp. 431–455, 2017]

'How humor in advertising works: A meta-analytic test of alternative models' by Martin Eisend [*Marketing Letters*, Vol. 22, No. 2, pp. 115–132, 2011]

'The Ostrich Effect: Selective Attention to Information' by Niklas Carlsson, George Loewenstein and Duane Seppi [*Journal of Risk and Uncertainty*, Vol. 38, No. 2, pp. 95–115, 2009]

Look Out: The Advertising Guide for a World That's Turning Inwards by Orlando Wood [2021]

Dumb Ways to Die by Melbourne Metro www.dumbwaystodie.com.

'Humor in Advertising: The Moderating Role of Prior Brand Evaluation' by Amitava Chattopadhyay and Kunal Basu [*Journal of Marketing Research*, Vol. 27, No. 4, pp. 466–476, 1990]

'Relationships among affective and cognitive factors in humor' by Frank Wicker, Irene Thorelli, William Barron and Marguerite Ponder [*Journal of Research in Personality*, Vol. 15, No. 3, pp. 359–370, 1981]

'Should I use humor in advertising?' by Millward Brown [2007]

第16章　ピーク・エンドの法則

'Memories of colonoscopy: a randomised trial' by Donald Redelmeier, Joel Katz and Daniel Kahneman [*Pain*, Vol. 104, No. 1, pp. 187–194, 2003]

'When more pain is preferred to less: Adding a better end' by Donald Redelmeier, Barbara Fredrickson and Charles Schreiber [*Psychological Science,* Vol. 4, No. 6, pp. 401–405, 1993]

'Evaluations of pleasurable experiences: The peak-end rule' by Amy Do, Alexander Rupert and George Wolford [*Psychonomic Bulletin & Review*, Vol. 15, No. 1, pp. 96–98, 2008]

'The attention-grabbing power of negative social information' by Felicia Pratto and Oliver John [*Journal of Personality and Social Psychology*, Vol. 61, No. 3, pp. 380–391, 1991]

'Motivational aspects of attitudinal elements and their place in cognitive interaction' by Shel Feldman in S. Feldman (Ed.), *Cognitive consistency* [New York: Academic Press, pp. 75–108, 1966]

'Bad is Stronger than Good' by Roy Baumeister, Ellen Bratslavsky, Catrin Finkenauer and Kathleen Vohs [*Review of General Psychology*, Vol. 5, No. 4, pp. 323–327, 2001]

The Power of Moments by Chip Heath and Dan Heath [2017]（チップ・ハース／ダン・ハース『瞬間のちから：顧客を魅了し、社員のやる気を引き出す心理技術』武田玲子訳、ダイレクト出版、2018年）

'The Effect of Predictability on Subjective Duration' by Vani Pariyadath and David Eagleman [*PLoS ONE*, Vol. 2, No. 27, e1264, 2007]

著者・訳者紹介

リチャード・ショットン (Richard Shotton)

行動科学をマーケティングに応用する専門家。この分野で22年の経験をもち、2018年にはコンサルティング会社のアストロテン（Astroten）を設立。アストロテンはグーグルやメタ、ブリュードッグ、バークレイズなどのブランドが、マーケティング上の問題解決に行動科学を用いることをサポートしている。著書に、25の行動的バイアスを明らかにし、ビジネスの問題を解決するのに役立つ『買わせる心理技術』（ダイレクト出版）があり、12カ国語に翻訳され、ビジネス・ブック・アワード（Business Book Awards）のベスト・セールス・アンド・マーケティング・ブックに選ばれた。2021年にはイギリスの広告代理店協会（IPA）の名誉会員となり、ケンブリッジ大学チャーチル・カレッジのモラー研究所のアソシエイトとなる。@rshottonで最新の社会心理学上の発見を投稿している。

上原裕美子 (うえはら　ゆみこ)

東京都生まれ、筑波大学第二学群比較文化学類卒業。訳書にフィッシュバック『科学的に証明された 自分を動かす方法』（東洋経済新報社）、ハーフォード『統計で騙されない10の方法』（日本経済新聞出版）、サスキンド『WORLD WITHOUT WORK』（みすず書房）、ハース『The World（ザ・ワールド）』（日本経済新聞出版）、ザキ『スタンフォード大学の共感の授業』（ダイヤモンド社）、カリス／ポールソン／ダリサ／デマリア『なぜ、脱成長なのか』（共訳、NHK出版）、ザカリア『パンデミック後の世界 10の教訓』（日本経済新聞出版）、リー『RCT大全』（みすず書房）、クラーク『ラマレラ 最後のクジラの民』（NHK出版）ほか多数。

自分で選んでいるつもり
行動科学に学ぶ驚異の心理バイアス

2024年5月28日発行

著　者——リチャード・ショットン
訳　者——上原裕美子
発行者——田北浩章
発行所——東洋経済新報社
〒103-8345　東京都中央区日本橋本石町1-2-1
電話＝東洋経済コールセンター　03(6386)1040
https://toyokeizai.net/

装　丁…………橋爪朋世
ＤＴＰ…………アイランドコレクション
印刷・製本……丸井工文社
編集担当………九法　崇
Printed in Japan　ISBN 978-4-492-04766-8